毛泽东

管理日志

郭 亮◎编著

国学管理日志系列⑧

ZHEJIANG UNIVERSITY PRESS

浙江大学出版社

目 录

三月　强人力量——管理者的威仪

四月　共鸣管理——和部下产生共鸣

五月　小谋大略——管理中的方法论

六月　点石成金——管理中的关键细节

七月　精巧架构——组织是管理者的放大器

八月　如水之柔——妥协的目标是前进

九月　论道管理——运用什么语言说服别人

十月　学今习古——管理者要保持学习的姿态

十一月　直入人心——最简单的就是最有效的

十二月　气吞山河——成大事者必有大胸怀

雾泽商道
——管理者自身修养

风起绿洲吹浪去,雨从青野上山来。

——《七律·和周世钊同志》,1955 年

　　毛泽东解开了人类历史上最为复杂的难题之一——中国的解放,他的修为和态度,当然能让追随者的境界得以升华。在迷雾环绕的商业世界,管理者自身的从容和对世界的聆听、分析是令自己成为定海神针的首要因素。

第一周　能　力

星期一
洞察力

中国的统一到底能实现吗？……在最近期间内是不能的。

——《外力、军阀与革命》，1923 年

笔　记

毛泽东不仅是革命导师，也是一位出色的观察者。对于中国社会各阶层的分析、各个利益群体的内在联系、革命前途的预判等复杂而艰难的任务，他早已有明确的洞察。当我们重新学习毛泽东思想时，就能发现隐藏在这些平淡语句背后的，是如此深刻、实用的定律。

企业管理也大抵如是，管理者对于企业各层级的利益分析、员工个性和才能的体察、市场的走向、客户的反应、决策可能引发的后果等，也需要极强的洞察力。细心的观察，观察之后的思考和推导，以及向他人征询都是培养管理者高超洞察力的必要手段。

行动指南

洞察力的培养是管理者的必修课。

星期二
鉴别力

动员群众的方式，不应该是官僚主义的。官僚主义的领导方式，是任何革命工作所不应有的，经济建设工作同样来不得官僚主义。要把官僚主义方式这个极坏的家伙抛到粪缸里去，因为没有一个同志喜欢它。每一个同志喜欢的应该是群众化的方式，即是每一个工人、农民所喜欢接受的方式。

——《必须注意经济工作》，1933 年

笔 记

毛泽东的群众路线，为我们津津乐道。如他所言，在官僚主义盛行的那个时代，共产党人以一种亲民、为人民服务的形象出现，首先就获得了大多数民众的认可。然后再从群众的利益出发，制定出群众工作的具体策略。

对于管理者而言，群众路线，就意味着最重要的因素是善于用人。企业的管理者可以不懂销售、不懂财务，但只要善于用人，自然能让别人帮助自己解决问题。我们常说，在职场上碰到一位有心栽培下属的领导很重要，其实这是两面的。对于管理者而言，他栽培下属的目的正在于他能看到这位下属是可造之材。他懂得如何去甄别员工的特长，也懂得提供最合适的平台让下属最大限度地发挥自己的才华。

行动指南

管理者应善于用人，对待不同的人，要有不同的策略。

星期三
原则性

因为是熟人、同乡、同学、知心朋友、亲爱者、老同事、老部下，明知不对，也不同他们作原则上的争论，任其下去，求得和平和亲热。或者轻描淡写地说一顿，不作彻底解决，保持一团和气。结果是有害于团体，也有害于个人。

——《反对自由主义》，1937 年

笔 记

在毛泽东看来，明知不对的东西就应该想办法解决，而不是"任其下去，求得和平和亲热。或者轻描淡写地说一顿,不作彻底解决,保持一团和气"。"想办法解决"很有技巧性,据理力争恐怕多半达不到目的,但又不能仅轻描淡写地说而不去解决问题。那么,到底应该怎么做?

在企业中,保持客观中立的态度很难。这就是所谓的职业素养,我们生存于现代市场经济体系中,就应当适应现代企业的运营流程和处事原则。在中国传统文化中,也有"任人唯贤"的古训。

不仅如此,原则性问题除了体现在"任人唯贤"上,还在新时代的管理中被赋予了新的内容,比如商业原则、资金底线、企业公德等。对于管理者而言,需要综合权衡各方面的情况,为自己制定一条底线,必须严格按照规章办事,绝不越线。

行动指南

管理者须以原则为限,遵循商业运营的规范,以达到解决问题的目的。

星期四
下定义的能力

革命的或不革命的或反革命的知识分子的最后的分界,看其是否愿意并且实行和工农民众相结合。

——《五四运动》,1939 年

笔 记

一位伟大的管理者,对于问题的解释应具有不容辩驳的唯一性,这就是下定义的能力。毛泽东通过对中国革命现状的深入分析,将马克思主义与中国革命实践相结合,形成了最适合中国革命的价值观和方法论。借助这一理论体系,对各种现象和阶层进行了清晰的界定,此举犹如在暗夜点燃了火把,照亮了革命的路途。

企业的管理者若能借鉴这种方法,对企业运行中遇到的各种问题进行分析,然后作出明确的定义，也就能为企业的未来指明方向。这种下定义的能力，不仅考验管理者的洞察力和分析能力，更考验其制定终极目标的能力。

行动指南

下定义是管理者必备的能力之一。

星期五
逻辑清晰

指挥员的正确的部署来源于正确的决心，正确的决心来源于正确的判断，正确的判断来源于周到的和必要的侦察，和对于各种侦察材料的联贯起来的思索。
——《中国革命战争的战略问题》，1936 年

笔 记

毛泽东凭借对中国革命清晰的逻辑思考，始终带领中国共产党走在通往成功的革命道路上。

对于一个企业而言，其管理者是否具有清晰的战略逻辑，决定着企业能否冲破藩篱，创造出具有独特竞争力的商业模式。

这种逻辑思维同样是线性的，管理者是否独具慧眼，能够从纷繁的线索中推导出一条独具风格的道路，决定了企业的高度。这方面，IT 英雄们诠释得淋漓尽致：从老一代技术天才比尔·盖茨、史蒂夫·乔布斯到新生代商业才俊马克·扎克伯格、安德鲁·梅森，无一不是独具慧眼的商业界的逻辑大师。

行动指南

管理者需要具备清晰的逻辑推导能力，从杂乱的信息中推导出具有特色的道路。

第二周　平和稳重

星期一
从　容

不管风吹浪打,胜似闲庭信步。

——《水调歌头·游泳》,1956 年

笔　记

　　1956 年,中国完成社会主义三大改造,正式迈入社会主义初级阶段。这是继新中国成立以来的又一重大历史节点。此后很长一段时间内,中国的建设和管理都在摸索中遵循既定路线推行。当时国内外形势还不甚分明,面对此情此景,生性豪放却头脑清晰的领袖毛泽东,借自己酷爱的游泳运动赋诗一首《水调歌头·游泳》,其中这句"不管风吹浪打,胜似闲庭信步"体现了一种从容淡定的治国理念,颇有"治大国如烹小鲜"的味道。

　　管理的本质是建立秩序,前提是管理者自身的从容。每个管理者都需要具备处变不惊的淡定。一个出色的管理者不会轻易露出难色,即便面对严峻的事件。保持冷静与从容的姿态,方能给追随者以安全感,为事件的处理提供睿智和转机的平台。

行动指南

　　优秀的管理者应具备从容镇定的姿态和处事不惊的淡定。

星期二
平和的姿态

共产党员在民众运动中,应该是民众的朋友,而不是民众的上司,是诲人不倦的教师,而不是官僚主义的政客……大公无私,积极努力,克己奉公,埋头苦干的精神,才是可尊敬的。

——《中国共产党在民族战争中的地位》,1938 年

笔 记

毛泽东能赢得所有同时代中国民众,尤其是底层民众的拥戴,这和他平易近人的姿态、以人民为老师的态度密切相关。毛泽东深刻体会到农民的疾苦,也深深懂得农民力量的伟大。在这种认识的作用下,他和人民交朋友,解决人民的问题,理所当然会获得人民的拥戴。

现代企业的管理者们,虽然了解此中深意,但要切实行动起来,从内心深处将自己看做企业的普通一员,恐怕不是易事。这就要求每一位管理者都要从自己做起,以平和的姿态面对自己的每一位同事。

行动指南

管理者应放下身段,以平和的姿态面对自己的员工。

星期三
骄傲害人

力戒骄傲。这对领导者是一个原则问题,也是保持团结的一个重要条件。就是没有犯过大错误,而且工作有了很大成绩的人,也不要骄傲。

——《党委会的工作方法》,1949 年

笔 记

　　力戒骄傲是中国共产党第七届中央委员会第二次全体会议上所作的会议总结之一。

　　管理者的骄傲麻痹往往是企业走向败局的最大诱因。作为管理者,在取得炫目成绩的同时,需要时刻保持警惕,对一切可能出现的问题能够作出明确的提前预判,以保持企业的平稳运行。同时,要做好应变突发事件的准备。

行动指南

　　居安思危,时刻保持冷静而相对稳健的策略。

星期四

正派的作风

　　主观主义是一种不正派的学风,它是反对马克思列宁主义的,它是和共产党不能并存的。

——《整顿党的作风》,1942 年

笔 记

　　毛泽东痛恨主观主义。主观主义具体表现在革命工作中,就是不从实际出发,一味拍脑袋作决定,或者抱定条条框框,以自我为中心,对革命事业损害极大。

　　主观主义在现代经济社会中其实也有很多种表现,很多管理者往往不从实际出发,仅凭个人喜恶发表令下属和同僚感到不可思议的观点,作出非常荒谬的举动,给人以不正派、不可靠的感觉。

行动指南

　　管理者一定要正派,须知只有市侩和阴谋家才鬼鬼祟祟。

星期五
胸怀宽广

久有凌云志，重上井冈山……可上九天揽月，可下五洋捉鳖，谈笑凯歌还。

——《水调歌头·重上井冈山》，1965 年

笔　记

1965 年，毛泽东重上井冈山。回到阔别三十多年的革命圣地，令毛泽东内心充满感慨和喜悦，随即写下这首《水调歌头·重上井冈山》。回想三十多年前，红军集中优势兵力消灭敌人，胜利粉碎国民党的第一次"围剿"，一国领袖所具有的无与伦比的气度和胆魄，令人折服。感言中，尤以"可上九天揽月，可下五洋捉鳖"为甚。

出色的管理者也是出色的行动者。管理者的行动能够带来无穷的感染力，令追随者们充满热情。这样的管理者拥有豪情壮志，充满战无不胜的动力。这种恢弘的眼界和宽广的胸怀是任何管理者都应当在日常工作中去主动培养的。

行动指南

出色的管理者，同时也应当是一位胸襟能容、举重若轻的智者。

第三周 聆 听

星期一
意见要集中

要把问题摆到桌面上来……不要在背后议论。有了问题就开会,摆到桌面上来讨论,规定它几条,问题就解决了。

——《党委会的工作方法》,1949 年

笔 记

1949 年,在面对如何解放全中国,并建立一个全新的国家这个问题上,民间人士和知识分子中有很多的设想和猜疑。毛泽东借党内会议指出,开会是必要的手段,问题必须拿出来开诚布公地讨论。

企业最忌讳的就是员工之间缺乏沟通,只在小范围内结成团体,这样对于工作目标的实现会产生不良影响,管理者的权威和信息传达会因为小团体的不合作而受到严重挑战。面对这种可能性,管理者应针对某个问题发起会议,召集当事人参加会议,将问题依次罗列,讨论后作出相应的解决措施,提高信息的透明度。当然,管理者自己对于问题首先需要有清晰的认识,在预先准备好自己的解决方案的同时,听取他人的建议,保证方向的统一。

行动指南

会议是必要而有效的管理手段。

星期二
独木不成林

没有一个人民的军队，便没有人民的一切。

——《论联合政府》,1945 年

笔 记

1945 年初春,在延安杨家岭中央大礼堂召开了中国共产党第七次全国代表大会,会期持续五十天,这是中共历史上时间最长的一次代表大会。会议上,毛泽东作了《论联合政府》的报告,其中谈到了军队的问题。其中明确指出,只有军队才是成立并巩固新中国最可靠的保证。

对于企业而言,"人民的军队"就是由企业所有成员组成。一支高度凝聚在企业目标之下,共同协作、具有战斗力的工作团队,这是企业井然有序并持续发展的坚实基础。管理者必须意识到,建设并巩固这样一支团队,是实现企业发展目标必不可少的一道程序。

管理者切不可因为小利益损伤团队的共同利益,甚至拆散团队。因为,建立一支具有企业特质的团队是一项艰苦的、长期的工作。如同消费者对于某个品牌的持续支持一样,因为该品牌包含了最适合消费者的定位和内容。

行动指南

建设一个优秀的工作团队,是管理者首先要考虑的问题。

星期三
聆听的义务

各级领导人员,有责任听别人的话。实行两条原则:(一)知无不言,言无不尽;(二)言者无罪,闻者足戒。

——《一九四五年的任务》,1944 年

笔 记

1944年，毛泽东在陕甘宁边区参议会第二届第二次会议上作了题为《一九四五年的任务》的演说。演说中提到，作为领导，有责任听取他人的意见和建议。

"知无不言，言无不尽"是一种慷慨的态度，在我们的管理语境中，往往缺乏这种带有纯真意味的交流，有些管理者似乎更喜欢那些工作经验丰富、干活卖力、意见很少的下属。事实上，对于管理者而言，听取各部门、不同背景的员工以及高层领导的声音，是一种应尽的职责。只有如此，才能了解各方的利益处境，作出相应的权衡协调，避免"偏听则暗"或者"充耳不闻"的情况发生。

行动指南

一个优秀的管理者，首先应该是一个善于听取别人意见的人。

星期四
抓住重点

谁是我们的敌人？谁是我们的朋友？这个问题是革命的首要问题。

——《中国社会各阶级的分析》，1925年

笔 记

1925年，面对党内不同的认识倾向，毛泽东撰文分析了中国社会各个阶级的力量对比以及利益所在，最终得出的结论是：中国共产党应该团结农民，而保持与当时民族资产阶级有限度的合作。

管理者应具有从众多问题中把握住问题的重点与核心的能力。所有力排众议的演讲，都始于一个不可击败的真命题，这个真命题得益于管理者自身提炼问题的胆识与能力。一旦命题成立，众人无可辩驳，也就成了普遍认同的核心。说

服别人是一门艺术,而带着坚定的态度面对混乱,无疑需要一个站在众人高度之上的制高点发出声音,这个声音就是抓住重点。

行动指南

重点问题指出了答案的方向,管理者应善于提出并发现重点问题。

星期五
说话要真实有凭据

没有调查,没有发言权。
……
注重调查!
反对瞎说!

——《反对本本主义》,1930 年

笔 记

毛泽东的这篇文章是为了反对当时红军中的教条主义思想而写的。看似武断的推论,但经过其论述与说理,则显示出高超的管理学含义。

作为管理者,所说的话一定要基于实际,要来自实地调查。在当代社会中,获取信息的渠道不仅仅局限于实地调查,但多种信息渠道的弊端也显露无遗,管理者要面对更复杂的信息来源,要从中去伪存真,把握真实的信息。除了实地调查,好像没有更可靠的办法了。

在管理实践中,管理者的判断首先要基于真实情况,一个不了解事实或者信息失真的管理者势必会作出错误决策。

行动指南

管理者下结论应在调查情况之后,而不是之前。

第四周 坚 毅

坚持到底

中国必须抗战下去,团结下去,进步下去;谁要投降,要分裂,要倒退,我们是不能容忍的。

——《新民主主义论》,1940 年

笔 记

抗日战争一开始是很艰难的,侵略者依靠精锐武器迅速吞并着我们的河山,国民政府则在对外作战和对内作战两方面游移不定。中国共产党就在此时表明了自己的态度:一致对外,坚决抗战。

利用抗日战争初期的艰难时局,表明自己顺应民众需求的态度,真诚地表示愿意团结一致,这是中国共产党在抗日战争中的明智之举。对于涉及民族整体利益的抗日战争,毛泽东坚持到底的态度为共产党赢得了社会各界的赞许。

企业也是如此。当企业遭遇困难的局面时,需要有强硬的管理者激发所有员工的斗志。企业的利益在此时如此真切地关系着每个人的前途,而一位充满果敢姿态的领导者所具备的坚韧力量能够让员工有信心渡过难关。

行动指南

面对困难局面时,领导者坚持到底的态度,能激发员工为企业奉献力量,与企业共渡难关的斗志。

星期二

坚决保卫权利

人民得到的权利，绝不允许轻易丧失，必须用战斗来保卫。

——《抗日战争胜利后的时局和我们的方针》，1945 年

笔 记

　　毛泽东对于军队和群众共同得来的革命果实，坚决守卫。他明确告诉大家，要用战斗的方式来捍卫。这无异于一种革命宣言，简单明了，激起了民众对革命成果的珍爱。

　　对于企业而言，由员工共同努力得来的企业成果，当然应当全力保卫。这种保卫分为两个层面：第一个层面是对内保卫，对于损害企业利益的破坏者要严惩不贷；第二个层面是对外保卫，对于侵害企业利益的不正当竞争，也要尽到自己保卫的责任。管理者应当时刻在保卫企业利益的思路上与员工达成统一，企业的成就是每个人共同努力的结果，也是涉及每个人利益的所在，因此要坚决守卫。

行动指南

　　管理者须知，企业的成败，关乎每位企业员工的成败。

星期三

言出必行

党的各级机关解决问题，不要太随便。一成决议，就须坚决执行。

——《关于纠正党内的错误思想》，1929 年

笔 记

　　中国有句老话叫"君无戏言"。对于现代企业的管理者们而言，此话同样有

借鉴意义。身为一个部门或者企业的负责人,管理者所说的话能否如约实现,关系的不仅仅自身的威信,更关乎企业的品格。一个没有信用的管理者终究无法取得部下的信任。

在企业管理中,领导的言出必行则更具有商业隐喻。无论对内还是对外,一位言必行行必果的管理者,都将赢得部下和对手的敬重。

行动指南

管理者要对自己的言行负责,对自己的承诺坚决兑现。

星期四
绝不盲从

我们说马克思主义是对的,决不是因为马克思这个人是什么"先哲",而是因为他的理论,在我们的实践中,在我们的斗争中,证明了是对的。我们的斗争需要马克思主义。我们欢迎这个理论,丝毫不存什么"先哲"一类的形式的甚至神秘的念头在里面。

——《反对本本主义》,1930 年

笔 记

毛泽东对马克思主义在中国革命中的地位进行了肯定,但并未将马克思个人奉为圣人,而是依据中国的革命实践进行验证之后运用其理论。在社会生活中,我们往往会因为某个人的出色个人魅力而习惯性地认为其所有言行都是合理的,因此会犯下盲从的错误。

在企业管理中,这样的现象也屡见不鲜。有些功勋过人的企业创立者有着强大的人格魅力和激扬的个性,很多部下都在其光芒笼罩下无法提出与其相左的建议。对于关键部门的管理者而言,有时选择顺其为之可能会明哲保身,但最终却将企业置于危险之地。

行动指南

管理者应时刻保持清醒的认识，冷静客观分析形势，不盲从。

星期五
爱恨皆有缘故

世上决没有无缘无故的爱，也没有无缘无故的恨。

——《在延安文艺座谈会上的讲话》，1942年

笔 记

在毛泽东看来，爱是观念的东西，是客观实践的产物。我们根本上不是从客观情感出发，而是从客观实践出发。"我们的知识分子出身的文艺工作者爱无产阶级，是社会使他们感觉到和无产阶级有共同的命运的结果。我们恨日本帝国主义，是日本帝国主义压迫我们的结果。世上决没有无缘无故的爱，也没有无缘无故的恨。"

在企业管理中，管理者往往意识不到员工的不满情绪，或者意识到了，却不知道如何去应对。简单的金钱鼓励，或许在短期内有效，但人的物质欲求在达到一定程度的满足后，会产生更进一步的需求。并且金钱鼓励的缺陷在于，它并不能彻底解决企业的团队战斗力问题，甚至会有损于团结。

解决员工情绪的最好方法，依然是思想工作。这项艰巨的工作对于管理者而言永远是一个巨大的考验，擅长做思想工作的管理者，其下属将其视作精神领袖和心理皈依，而不擅长做思想工作的管理者，永远不知道部下到底在为什么而烦恼。

行动指南

管理者应善于了解员工的情绪症结，用富有远景的蓝图去解决他们的顾虑。

精神报酬
——最高境界的鼓舞

俱往矣,数风流人物,还看今朝。

　　　　　　　　　　　——《沁园春·雪》,1936 年

　　用物质笼络他人并不高明,而用精神魅力令人追随,却是一种境界。把握人的思想、激励人的精神,是潜力巨大的利器,其功效远胜于物质奖励,因为精神的力量无远弗届。

第一周　精神激励

建立信仰

紧紧地和中国人民站在一起，全心全意地为中国人民服务，就是这个军队的唯一宗旨。

——《论联合政府》，1945 年

笔　记

人民解放军的硬件条件是很差的，然而这支军队具有很强的奉献精神。毫不夸张地讲，这是世界上最富有凝聚力的队伍。

在现代企业中，需要学习的就是这种团队的凝聚力。一般而言，企业为防止员工跳槽，常用方法无非是薪酬、感情、成就感。然而，这三种方式都存在缺陷：薪酬再高，也还是有企业用更高的报酬挖人；和企业感情再深，这种感情却是会发生变化的；靠成就感，又比不上员工自己创业更有成就感。

实际上，当管理者对员工的物质报酬达到一定程度之后，他们前进的动力就不是物质报酬了，而是一个共同的使命感，也就是信仰。

行动指南

为企业员工树立一种共同的信仰，能令管理者化腐朽为神奇。

星期二

精神报酬

红军废除了雇佣制，使士兵感觉不是为他人打仗，而是为自己为人民打仗。

——《井冈山的斗争》，1928 年

笔　记

"我们究竟为谁打仗？我们是为自己打仗。"这种观念在中国共产党的军队里由上而下贯彻不移。在历史中,很多善于激励士兵的领导者,都懂得用精神报酬来鼓舞将士。清末的曾国藩就这样说过:"古来名将得士卒之心,盖有在于钱财之外者;后世将弁,专恃粮重赏优,为牢笼兵心之具,其本为已浅矣。是以金多则奋勇蚁附,利尽则冷落兽散。"

物质激励固然可以笼络人心,但并不具备持久力。真正具有深层次激励效果和持久性的,恰恰是精神激励。在共产党的军队中,这种精神激励被称为"政治思想工作",与《孙子兵法》中的"道"异曲同工。

很多时候,企业管理层往往有了成熟的方案,可是因为激励措施不到位,团队跟不上,导致最后方案的实施效果很不理想。如何能把员工的积极性调动起来,解决执行力的问题,每个管理者都在寻求解决之道。精神激励就是最具神效的途径。

行动指南

给员工充分的精神激励,才能使企业具有永久的活力。

星期三
精神报酬比物质更持久

共产党人必须随时准备坚持真理,因为任何真理都是符合于人民利益的。

——《论联合政府》,1945 年

笔　记

毛泽东找到了一条把马克思主义的普遍真理同中国革命具体实践相结合的道路,他把欧洲"产"的马克思主义,同中国工农群体翻身的愿望成功地结合在一起,创造了一种适合中国国情的思想体系。

企业如果只局限于通过不断加薪来调动员工的积极性,无异于饮鸩止渴。不断提高的薪酬会加大企业的成本,一旦遭遇困难需要降低报酬时,就会让员工不满。这只能说明企业本身并不具备足够的吸引力,员工上班的目的不只是为了金钱。这是很多企业的通病,也是大多数企业无法基业长青的原因。

精神报酬远比物质报酬更持久。世界上大多数伟大的企业,都具有一个改变人类生活的愿景,即便这种愿景往往是遥远的,但正因如此,才让企业变得魅力非凡。

行动指南

精神报酬,是一种长效激励,管理者应善于运用精神激励。

星期四
价值激励使命感

以中国最广大人民的最大利益为出发点的中国共产党人,相信自己的事业是完全合乎正义的,不惜牺牲自己个人的一切,随时准备拿出自己的生命去殉我们的事业,难道还有什么不适合人民需要的思想、观点、意见、办法,舍不得丢掉的吗?

——《论联合政府》,1945 年

笔 记

传统的激励工具逐步失效后,管理者们要善于用超越物质手段的新激励手段来促进企业的高效发展。

这种激励手段就是价值带来的使命感。正如毛泽东所说,"以中国最广大人民的最大利益为出发点",只有用类似于此的能真正激发人的斗志的价值,才是超越一切的使命力量。

很多国际知名的优秀企业都有一种价值观,在面对价值观和利益的冲突时,这些企业的管理者往往选择前者。因为从长远看来,价值观为自己的团队带来的是一以贯之的坚持,有时甚至要牺牲企业的部分利益。唯有如此,团队成员才会对这个价值观产生内心的认同,将价值带来的使命感看做比物质回报更能永存的珍贵元素。

行动指南

让成员体会到团队目标的重要性,并时刻意识到成员贡献自身力量的价值。

星期五
精神奖励大于消极惩罚

无数革命先烈为了人民的利益牺牲了他们的生命,使我们每个活着的人想起他们就心里难过,难道我们还有什么个人利益不能牺牲,还有什么错误不能抛弃吗?

——《论联合政府》,1945 年

笔　记

在抗战阶段,中国共产党的军队不怕牺牲、勇于奉献,原因何在?因为共产党领导的军队有强大的精神奖励。军队的每个指挥员和士兵,都有崇高的理想,从而调动每个人的积极性。

在企业管理上,也应当用积极的、代表前进方向的精神激励来调动员工,而不是惩罚。一味的惩罚只会挫伤员工的积极性,让他们变得畏手畏脚,将注意力放到避免犯错,而不是追求创新上,这将严重阻碍企业的发展壮大。

行动指南

管理者要巧妙地树立一种精神激励,刺激团队成员积极开拓。

第二周　人心思齐

普及"觉悟"

除了我们的觉悟，无产阶级先锋队的觉悟问题以外，还有一个人民群众的觉悟问题。

——《抗日战争胜利后的时局和我们的方针》，1945 年

笔　记

民众的觉悟来源于实践，也来源于领导者的觉悟。正如毛泽东所言："人民的觉悟不是容易的，要去掉人民脑子中的错误思想，需要我们做很多切切实实的工作。对于中国人民脑子中的落后的东西，我们要去扫除，就像用扫帚打扫房子一样。从来没有不经过打扫而自动去掉的灰尘。我们要在人民群众中间，广泛地进行宣传教育工作，使人民认识到中国的真实情况和动向，对于自己的力量具备信心。"

要将受众的觉悟提高，领导阶层首先要以身作则，然后开展大量的思想工作。当一家公司的中层乃至高层管理人员更多地考虑个人的利益、考虑如何享受，而不再为公司的生存发展尽心尽力之时，也正是危机出现之日。杰出的企业管理者所追求的境界，必然与个人利益无关，而是更远大的未来。即便是一家小企业，管理者也要尽量避免强调个人利益，而是让员工在利益得到保证的前提下更关注个人和企业的发展潜力。

行动指南

管理者的大境界就是不以利益为唯一标准，而更注重形而上的精神追求。

星期二

标杆力量

什么叫做先锋队的作用？就是带头作用，就是站在革命队伍的前头。

——《青年运动的方向》，1939 年

笔 记

榜样的力量是无穷的。毛泽东教育自己的战士时，善于以身作则。在生活中，他严禁特殊化，虽然是领导者，却始终以平等姿态面对士兵。军队的最高统帅能做到这些，自然形成了一种标杆效应。于是以己之心，换来了众人的拥戴。

企业中也应注意发挥标杆效应。某家企业在当地区域经济中占据重要地位，通过自身的一系列活动，树立了一个"标杆"的形象，并且会相应带动周围的经济发展。对于个人而言，榜样的力量同样是无穷的。

这就是标杆的力量。人类对于荣誉的光环，有着不可名状的渴望。确立一个榜样，"名"就是最初的动因。在企业中，优秀员工的示范作用犹如一道无形的光环，让员工的工作得到认可的同时，也赋予了其自律的天条。

行动指南

树立榜样，就是树立管理者的信念，同时树立追随者的灯塔。

星期三

一条心

今天到会的人，大多数来自千里万里之外，不论姓张姓李，是男是女，作工务农，大家都是一条心。

——《青年运动的方向》，1939 年

笔　记

毛泽东领导的军队和革命,也是一个创业的过程。其间也会遇到许多重要选择,当面对不同情境之时,人心难免发生动摇。

每当此时,就需要领导者始终以统一的标准,让团队成员齐心协力。毛泽东的标准就是"全心全意为人民服务"。这个简单的理念,成了人民军队始终一条心的秘密所在。在这个标准之上,所有人都不以个人利益为追求,而是以为人民服务为己任,自觉地遵守指令。

尽管企业的宗旨与此不尽相同,但在本质上却具有共性。因为企业也存在不同的选择,也会面临不同的利益诉求的局面。在这种情况下,如何让员工一条心,兼顾客户、股东和员工的利益? 最好的办法就是找到这些利益的共同之处,树立一个共同奋斗的目标,当然,这个目标要对所有人都具有适用性。

行动指南

要让员工和企业一条心,管理者应将员工的利益与企业的利益紧密结合。

星期四
自我的法宝

统一战线和武装斗争,是战胜敌人的两个基本武器。

——《〈共产党人〉发刊词》,1939 年

笔　记

中国共产党之所以能胜出,并不仅仅依靠其自身力量,统一战线是一个强大的武器,再佐以共产党军队齐心断金的战斗作风,最终引导中国走向解放。

在当代商业社会中,面对强手如林的商业竞争,一家企业在遇到困境时,也可以借鉴这两件"法宝"。

企业在碰到强大对手的进攻时,如果自身力量有限,或者师出无名,就非常有必要联合一批与自己利益相同的同道,一同应对。

行动指南

商业行为和革命有很多共同点,建立联盟是其一。

星期五
立 新

这就是现时中国革命的历史特点……谁不懂得这个历史特点……谁就会被人民抛弃,变为向隅而泣的可怜虫……惟独共产主义的思想体系和社会制度,正以排山倒海之势,雷霆万钧之力,磅礴于全世界,而葆其美妙之青春。

——《新民主主义论》,1940 年

笔 记

面对腐朽不堪的旧世界,一切旧有的思维和秩序都亟须变革,此时新生的力量就易于赢得广大民众的拥戴。

中国共产党以马克思主义作为指导思想,结合中国实际,慢慢地发展壮大起来。在与旧世界作斗争的过程中,把握住了将人民利益放在第一位的规律,赢取了万千民众的拥护。所有人都希冀这个新生的政党带领旧中国走向新时代。

很多企业也处于这样一种转型期,员工经过若干年习惯性的运作,渐渐产生倦怠,制度和思维都略显陈旧,人浮于事。此时,如若管理者能引入新鲜血液,进行适度的合乎广大员工利益和愿景的创新,就可赢得员工的支持。

行动指南

管理者应须知,破旧立新才能保证公司的精神不断生长。

第三周　信仰与制度

信仰同时也是制度

> 共产主义是无产阶级的整个思想体系，同时又是一种新的社会制度。
>
> ——《新民主主义论》，1940 年

笔　记

共产主义既是一种信仰，也是"一种新的社会制度"。这种完美的制度诉求对于当时身处乱世的广大国民具有很强的吸引力。人们自然会对这种既是制度又是信仰的概念产生强大向心力。

在企业的管理实践中，管理者也应当善于寻找这种超越现状的信仰。比如，万科的王石将"制度化"当做企业管理的追求，不因创始人的离开而导致企业衰落。

事实上，完美的制度化理应成为所有中国企业在管理上的信仰。中国的企业管理者往往陷于去制度化的境地，或者提出空洞的"一刀切式"制度，然后将此作为管理的依据。而最有吸引力的管理信仰，恰恰是建构一项完美的制度，可以兼顾所有人的利益，诸如"共产主义"这样的制度化的信仰模式，才能持续散发生命力。

行动指南

建立一种制度化的信仰，将使企业永葆青春。

星期二
有信念也要有制度

党代表制度,经验证明不能废除。特别是在连一级,因党的支部建设在连上,党代表更为重要。他要督促士兵委员会进行政治训练,指导民运工作,同时要担任党的支部书记。

——《井冈山的斗争》,1928 年

笔 记

中国共产党的党代表制度,是建立在信仰基础上的组织制度。通过这样一种方式,可以使组织更加严密,提高普通民众的素养,提升凝聚力。由此,众人的目标更明确,并始终保持一致,为了信念不断努力。

现代企业管理运营中,往往是有目标有信念,但缺乏将信念持续强化的制度。比如,一家公司制定了某个共同追求的理念,但在实际工作中,并没有任何一个人去强化这种理念,大家只是停留在表面上。这种情况之下,有必要将理念进行制度化的提升,比如定期的文化活动、以理念为主题的产销竞赛等,通过这种制度化的活动,让每一位企业员工都能意识到企业的信仰,也将其内化为自己的信仰。

行动指南

没有制度的保证,目标就只是空谈。

星期三
理想决定未来

我们的将来纲领或最高纲领,是要将中国推进到社会主义社会和共产主义社会去的,这是确定的和毫无疑义的。我们的党的名称和我们的马克思主义的宇宙观,明确地指明了这个将来的、无限光明的、无限美妙的最高理想。

——《论联合政府》,1945 年

公司好坏的区别并不复杂,并不是好公司的产品就能确保不出问题,而是在出现问题之后如何弥补。好公司不仅积极弥补,并将预防机制作为企业的发展内容。

对于管理者而言,既要看到别人做不到的事,也要看到别人看不到的未来。

比如地产商,一些具有长远眼光的企业家在思虑地产商的责任在于怎样保持房价的稳定和市场的健康发展,但是还有一些地产商,只看见怎么样拿地。

这就是价值观和理想会引导你看到别人看不见的机会、趋势和风险。比如万科,当事后回头看的时候,我们会发现每次万科都能准确地把握住未来。因为万科有长远的规划,有更远大的企业理想。

行动指南

管理者的长远理想决定企业的未来远景。

星期四
思想要自由

信仰为人人之自由,而思想乃绝非武力所能压制者。

——《向国民党的十点要求》,1940 年

笔 记

毛泽东在革命过程中,经常用思想自由来武装队伍。面对高压统治的反动政府,共产党人的思想工作以马克思主义这个信念为纲领,要求进步,要求解放。这种思想符合广大革命者的需要,也符合共产主义这个象征新兴力量的信仰目标。

企业管理也是如此,大多数管理者容易陷入僵化思维,试图依靠一套一成不变的方法保持企业永续发展。而事实常常与此相反,因为我们身处瞬息万变的时代,创业阶段和发展阶段、成熟阶段都面临迥然相异的环境,因此管理思维也要保持灵活和自由。很多老员工和创业功臣往往会在企业走进成熟阶段后,无法适应全新的局面而不得不出局。

行动指南

保持发展的眼光和自由的思想,杜绝僵化。

星期五
找到最合适的武器

一百年来,其优秀人物奋斗牺牲,前仆后继,摸索救国救民的真理,是可歌可泣的。但是直到第一次世界大战和俄国十月革命之后,才找到马克思列宁主义这个最好的真理,作为解放我们民族的最好的武器……

——《改造我们的学习》,1941 年

笔记

这是毛泽东在延安干部会上所作的报告。这篇报告和《整顿党的作风》、《反对党八股》一起,是毛泽东关于整风运动的重要著作。在这些文章里,毛泽东进一步从思想问题上总结了过去中国共产党内路线的分歧,分析了广泛存在于党内的非马克思列宁主义思想作风,主要是主观主义的倾向、宗派主义的倾向和作为这两种倾向的表现形式的党八股。

正如毛泽东所说,优秀人物一直在寻找救国救民的真理,最终经过千辛万苦摸索到了马克思列宁主义。事实证明,这正是带领中国人民最终实现解放的思想武器。

在企业管理中,管理者也须具备这种摸索精神,在总结前人和他人的经验基础上,摸索最适合企业发展的管理原则。

行动指南

管理者应是一位探索者,探索出最适合企业实际情况的发展之道。

第四周　培育思想

星期一
勤做思想工作

我们感觉无产阶级思想领导的问题，是一个非常重要的问题。

——《井冈山的斗争》，1928 年

笔　记

毛泽东特别强调思想工作的重要性。唯有如此，步调一致方可得胜，并无战无不胜。对于一个企业而言，要让团队组织发挥最大效用，必须统一员工的思想，使团队成员劲往一处使。

要做到这一点，就必须勤做思想工作。毛泽东就善于做思想工作，他时常深入军队，给战士们讲课，对于部队中出现的错误倾向，他都能及时作出有针对性的疏通与宣讲。在正确的政治导向之下，本来觉悟不高、固守物质报酬的士兵们，不再怀抱小农心理，不再贪图小便宜，而是树立了崇高的革命理想。

思想通了，一通百通。张瑞敏就说过："如果一个员工思想不通，你派十个人都管不住他；如果思想通了，你不用管他，他都会努力工作的。"

行动指南

管理者一定要懂得给别人做思想工作，掌握团队成员的思想动向。

星期二
精神教育就在身边

即拿干部说，你们不要以为这部分人数目少，这比在国民党统治区出一本书的读者多得多。

——《在延安文艺座谈会上的讲话》，1942 年

笔 记

　　大多数时候，将企业内部的人员团结起来，就是强有力的武器。而在毛泽东看来，千万不要低估这个"内部思想工作"的重要性。

　　当代中国很多成功的大型企业，也借鉴了这种思想。在很多具有行业标杆色彩的企业中，内部报刊和宣传品形成了一种具有强大向心力的精神指导。这些宣传品并非直白单调的说教课本，而是富有创意的精美出版物，在信息爆炸的今天，宣传和思想工作也被赋予了全新的内涵。

行动指南

　　一家出色的标杆企业，必然会形成独特的思想宣传品。

星期三

独立之精神

　　共产党员对任何事情都要问一个为什么，都要经过自己头脑的周密思考，想一想它是否合乎实际，是否真有道理，绝对不应盲从，绝对不应提倡奴隶主义。

——《整顿党的作风》，1942 年

笔 记

　　独立思考能力和独立精神对于管理者和员工而言同样重要。只有具备独立的人格，才能具备创新能力，从而转化为企业的成长力。

　　而我们今天的很多管理者并不重视这一点，既不会组织员工进行思考，也不愿意鼓励他们思考。其实，企业进行集中的思考教育大有必要。

　　例如，企业发展中经常会遇到一些重大转机，需要作出涉及利益格局的调整，只

有通过集中开展讨论和头脑风暴,让每个员工都发表自己对于企业战略的看法,形成具有活力的思想体系,这样才能保持企业的创造力。

行动指南

鼓励员工独立思考,提高自我认识,充满创造力。

星期四
思想骨干

共产党员应是实事求是的模范,又是具有远见卓识的模范。

——《中国共产党在民族战争中的地位》,1938 年

笔　记

思想骨干是能站在企业的角度、帮助管理者考虑问题、主动出面做工作的人。思想骨干技术上未必是最好的,但能和企业一条心。现代企业普遍缺少这种思想骨干,所以才会出现领导在的时候一个样,领导一出门,员工就炸锅的现象。

在任何时代都有自我约束力差的人。毛泽东的做法是建立思想骨干力量,每一个骨干都可以兼顾三四个士兵,再进行整体的把控就变得简单了。

能够一呼百应的领袖毕竟是少数,但凭借骨干力量,骨干的行动可以更全面有效地贯彻管理者的指令。而骨干并不是天然形成的,需要管理者进行有意培养和训练。

行动指南

骨干,是保持一个组织持续良性运转的支柱。

星期五
让平凡人变得不平凡

我们党的组织要向全国发展,要自觉地造就成万数的干部,要有几百个最好的群众领袖。这些干部和领袖懂得马克思列宁主义,有政治远见,有工作能力,富于牺牲精神,能独立解决问题,在困难中不动摇,忠心耿耿地为民族、为阶级、为党而工作。党依靠着这些人而联系党员和群众,依靠着这些人对于群众的坚强领导而达到打倒敌人之目的的。

——《为争取千百万群众进入抗日民族统一战线而斗争》,1937 年

笔 记

杰出的企业,就是让一群平凡的人,做成不平凡之事。

毛泽东对平凡人的力量备加推崇。在他眼里,普通老百姓就是拥有世界上最强大力量的群体。他们是沙子,而共产党的干部就是将其凝结成塔的水泥。

在企业中,我们经常陷入以为所有人都可以变成尖端人才的思想怪圈。但大多数情况是,平凡人占据主流。在这样的情况下,管理者的着力点不是将人人都变成精英,而是确立一个不平凡的目标,尔后让平凡的员工各司其职,作出最适合自己的成就,凝结起来就能实现不平凡的理想。

行动指南

管理者应赋予团队成员一个不平凡的愿景,激发组织的潜力。

强人力量
——管理者的威仪

指点江山,激扬文字,粪土当年万户侯。

——《沁园春·长沙》,1925 年

　　毛泽东让破败的旧中国披上了理想主义的光辉,在他身上,无所畏惧的光芒令亿万中国人有了战斗的方向。

第一周　铿锵标准

星期一
标准只有一个

我们看人的时候,看他是一个假三民主义者还是一个真三民主义者,是一个假马克思主义者还是一个真马克思主义者,只要看他和广大的工农群众的关系如何,就完全清楚了。只有这一个辨别的标准,没有第二个标准。

——《青年运动的方向》,1939 年

笔　记

毛泽东在战争年代的诸多论断都运用了绝对意义的词汇来修饰,这种不容辩驳的唯一指令是适用于那种乱世的。作为一名领导者,毛泽东对于中国革命的判断独一无二,那种超越时代的个人眼光和胸怀自然使他作出了正确的论断。

作为管理者,需要运用强势宣言给处于迷茫状态中的团队成员指明道路。在企业中,当所有人都被混乱的局势困扰而不知所措时,一个具有爆炸力和充满说服力的论断能让散乱的队伍迅速集结起来。

行动指南

管理者的强大,体现在对乱局处理的果断和绝对。

星期二
赏罚分明

应该赏什么人呢？应该赏抗日的人,赏团结的人,赏进步的人。应该罚什么人呢？应该罚破坏抗日、团结、进步的汉奸和反动派。

——《必须制裁反动派》，1939年

笔　记

在抗日时期，中国共产党团结一切可以团结的力量，以自身可以兑现的利益承诺作为奖赏，团结抗日积极分子，保护进步力量，而对消极甚至破坏革命的分子则严惩不贷。

在通用电气公司历任总裁中，杰克·韦尔奇是最成功的。在通用前总裁韦尔奇看来，如果没有适当的赏罚，将员工置于一个缺乏活力的境遇中，员工就会日益滑向混日子的状态。这在本质上是一种假慈悲。从表面看来，员工工作清闲，没有危机，一旦出现运营危机，员工必然陷入慌乱，疲于应付。等到最终酿成苦果，管理者只好硬着头皮对员工说，你走吧，你犯错了，你不适合这里了。这时候员工要面对的是更无所依靠的结果。这才是真正害了员工。

真正让员工得到持久利益的做法，是让他意识到纪律的严格和怀有危机感，从而主动寻求进步的机会。

行动指南

纪律一旦确立，管理者应以身作则，最大限度地去遵守。

星期三
行为的准绳

世界上只有非掠夺性的谋解放的战争，才是正义的战争。

——《关于国际新形势对新华日报记者的谈话》，1939年

笔　记

中国的革命，在毛泽东看来属于新民主主义革命范畴，而这场革命之所以是

正义的,在于革命本身是为了自身解放,而不是掠夺性战争。这也是中国革命最终取得胜利的原因之一。

尽管商业竞争遵循弱肉强食的丛林法则,然而掠夺性的商业扩张依然难逃道德层面的损失。一旦企业为了自身的利益无度扩张,就会损害企业发展的正当性。当今若干大型跨国巨头,在进行商业扩张的同时,也在创造商业价值、改变住地民众生活、传播先进管理理念等方面作出了贡献。倘非如此,巨头的商业兼并就会受到道德谴责。

行动指南

企业管理者应知,商业行为同样要遵守普世价值,站在正义一方的企业能赢得更多支持。

星期四
铿锵管理

中国共产党的武装斗争,就是在无产阶级领导之下的农民战争。

——《〈共产党人〉发刊词》,1939 年

笔 记

确认领导权是中国共产党在革命过程中总结出来的重要经验。在历经右倾保守主义、"左倾"冒进主义等错误倾向之后,革命队伍受到了严重的损害。毛泽东认为中国革命的实质,就是"无产阶级领导之下的农民战争"。准确的定位和铿锵有力的结论,使革命走上了通往胜利之路。

企业的发展与管理也需要确认领导权。改革开放三十多年以来的商业命脉,大都掌握在那些"鲁莽而聪明"的创业者手中,他们对企业拥有至高无上的领导权。然而,随着时代的推移和商业环境的日益规范,曾经的这些领导者似乎走到了十字路口。现代管理学要求他们建立更规范、更科学的管理体系,这就势必将一个人的领导转化为一个阶层的领导,也就是从个人向体系转变。

很多企业家意识不到这一点,或者不愿意放手给职业经理人团队,很容易走上任人唯亲的迷途。这其实是一个很大的误区:将领导权看作是个人力量而非集体力量。

行动指南

铿锵有力的管理,除了在于创始人的强硬,更在于管理团队的规范化。

星期五
铁的纪律

这个军队之所以有力量,是因为所有参加这个军队的人,都具有自觉的纪律。

——《论联合政府》,1945 年

笔 记

一个团队,最重要的就是要有执行力,而执行力必须依靠严明的纪律。

毛泽东深知,在乱世中要想赢得老百姓的支持,打败强大的敌人,就要建立一支有所为、有所不为的部队。不尊重对手、不尊重民众、不尊重纪律的队伍是无法赢得最终的胜利的。

在企业中,团队如果消极涣散,拖沓慵懒,目标就无法按预定完成。制定一系列规章制度并严格按计划行动,企业才能朝着目标方向顺利发展。

行动指南

制定一套铁的纪律,并以身作则严格执行,管理者才能打造一个具有执行力的团队。

第二周　强人之心

星期一

强人之心

人不犯我，我不犯人，人若犯我，我必犯人。

——《目前抗日统一战线中的策略问题》，1940 年

笔　记

管理者在大多数时候应当保持理性，但关键时刻的强硬态度会给其职业生涯加分。在涉及生死存亡的原则问题上，一步都不能退缩。

毛泽东是有名的强硬派，在中国革命的多个关键时刻，正是这种强硬的态度，使中国革命免受打击，坚定地发展下去，也找到了克敌制胜的法宝。作为历史和时代的选择，毛泽东带领中国走向解放，在充满波折的路途上始终保持着积蓄力量、防守反击的路线。

企业的运营也有相通之处，在企业处于起步阶段，管理者应当看清埋头苦干是首要任务。然而，企业一旦遭受竞争者的不正当竞争，必然要倾全力回击。

行动指南

管理者应积蓄力量，防守反击，原则问题上不退缩。

星期二

斗则必胜

不斗则已，斗则必胜，决不可举行无计划无准备无把握的斗争。

——《目前抗日统一战线中的策略问题》，1940 年

笔 记

毛泽东所谓的"斗争",是精心准备的有目的的斗争,而不是逞匹夫之勇。

在自身力量尚不具备斗争优势的时候,一定要避免正面冲突,从而积蓄力量,培养队伍。在与对手的竞争过程中,要学会忍耐,时机一到,就集中优势兵力,痛打对手。

盛大公司董事长兼 CEO 陈天桥从毛泽东的军事理论中,悟出非常重要的一点就是集中优势兵力,对敌人最薄弱的环节进行突破——动画就是一个例子。"动画在国外已经发展了二三十年,我们不会去和对手正面交锋。但我们拥有最大的网络游戏市场,这是我们进攻的机会,因此我们就选择从运营入手。"结果盛大出人意料,一炮打响。

现代管理学也有"孤注一掷"的提法,当双方力量对比悬殊之际,这种方式不宜采用。但是双方略有差距的时候,必胜的决心则成为决胜的关键。倾尽所有的目的就是一击中的,这种斗争需要经过长期的筹划和准备。

行动指南

管理者应具有不斗则已、斗则必胜的决心和信心。

星期三
必须武装

所谓割据,必须是武装的。

——《井冈山的斗争》,1928 年

笔 记

毛泽东看到了中国革命过往经验中的薄弱环节,指出割据一方必须拥有安身立命的武装。

改革开放以来的中国商业界,经过三十多年的激烈角逐,今日成功的企业,大都九死一生,经历了风云激荡的变革。而成功企业的一个共同点就在于高度"武装"的专业团队和杰出的强硬派领袖。

时代在变化,企业的管理者也要随机而动。不确定的商业环境决定了中国企业的管理者们,必然带有这种强人色彩。这并非我们所愿,如若成熟的大环境和既有的模式令现代化的管理方式能够奏效,管理者的强势便退居其次。但实际情况是,我们可能还需要走相当长的一段时间,外部环境急剧变化,阶层利益动辄得咎。在这种情况下,强硬的领袖人物和过硬的商业技能必不可少。

行动指南

商业探索中的管理者,必须要强硬,团队必须能打硬仗。

星期四
怒而威

我们还是希望那班玩火的人,不要过于冲昏头脑。我们正式警告他们说:放谨慎一点吧,这种火是不好玩的,仔细你们自己的脑袋。

——《为皖南事变发表的命令和谈话》,1941 年

笔 记

毛泽东对待自己的同志很和善,但对待敌人却有十足的强硬。对反动分子的警告,从来不留情面。这是一位值得众人追随的领袖应当具有的"怒而威"的姿态。

在企业里,管理者每天都慈眉善目会让部下丧失对其人之为人的本质接触。人只有在发怒的时候才容易露出自己的本我。

我们所讲的管理中的怒而威,是指管理者在关乎企业运营原则问题的过错中,批评下属,或者警告对手。这种批评与警告,言辞可以强烈,但不能粗俗;口吻要严厉,但不能鲁莽。

管理者也要适时怒而威。

星期五
主战派

我们共产党人公开宣称：我们是始终站在主战派方面的，我们坚决地反对那些主和派。

……

战下去，团结下去，——中国必存。

和下去，分裂下去，——中国必亡。

何去何从？国人速择。

——《反对投降活动》,1939 年

笔 记

毛泽东的过人之处就在于，他找到了革命的价值评判标准，然后以此为自己和他人设置了参照物。这样就将一群本来似是而非的人变成了拥有原则的战士。

在企业中，也需要这样的价值评判标准。这种标准是为企业的终极目标服务的，在处理任何问题的时候都以此为参照。这种态度的确立，同时也可以激励员工为了这个目标积极进取。因为只有"主战"，才能实现每个人的目标，最终实现企业的共同目标。在纷繁复杂的商业世界中，进取和冒险者永远握有主动权。

行动指南

管理者要迎难而上，即使失败，也不会后悔。

第三周　敢于挑战

打破经典

直到现在,还有不少的人,把马克思列宁主义书本上的某些个别字句看作现成的灵丹圣药,似乎只要得了它,就可以不费气力地包医百病。这是一种幼稚者的蒙昧。

——《整顿党的作风》,1942 年

笔　记

胆怯而盲目的人总是在寻找精神依托,易患上"语录依赖症"。在毛泽东看来,马克思列宁主义之所以能成为引导中国革命的经典,并不是因为其中的某些字句具有灵丹妙药的功效,而是其世界观、价值观能更好地结合中国的实际以寻找到一条光明之路。

在企业中,很多人也容易犯下这种错误,将领导的话当做不可违背的"圣旨",僵化地、机械地去遵循领导的只言片语。出色的管理者应懂得如何将指令转化为更适宜普通员工执行的具有执行力的思想,而不是生硬地向下灌输自己的某种观点。

行动指南

在现代管理中,没有金科玉律,只有发展的思维和静止的观点。

星期二
不怕打仗

如果他们要打,就把他们彻底消灭。事情就是这样,他来进攻,我们把他消灭了,他就舒服了。消灭一点,舒服一点;消灭得多,舒服得多;彻底消灭,彻底舒服。中国的问题是复杂的,我们的脑子也要复杂一点。人家打来了,我们就打,打是为了争取和平。不给敢于进攻解放区的反动派很大的打击,和平是不会来的。

——《关于重庆谈判》,1945 年

笔 记

"打是为了争取和平"。毛泽东的强势是争取和平的手段。正如他所言,中国的问题是复杂的,在这种复杂局面中就不能抱有简单的幻想,和平的得来只有通过强大的战斗力来保障。而类似于"消灭一点,舒服一点;消灭得多,舒服得多;彻底消灭,彻底舒服"。这样痛快淋漓的表述让人们见识到毛泽东雄心勃勃的一面。

企业在面对凶险的外部环境时,也不能抱有简单的幻想。基于正当利益诉求的竞争,应当据理力争,在方法策略上可以多样化,但在态度上要保持坚定。正如 SOHO 中国的董事长潘石屹所说:"没事不惹事,有事不怕事。"企业的管理者要有所担当,在管理者的带动下,员工自然也会热血沸腾,将企业的命运与自身命运紧密联系起来。

行动指南

大气磅礴、义正词严的申述,是管理者在危局时刻对员工的有效激励。

星期三
迎难而上

越是困难的地方越是要去，这才是好同志。

——《关于重庆谈判》，1945 年

笔 记

迎难而上在中国共产党取得政权、建立新中国的过程中得到了充分验证，只有迎难而上，才不至于被敌人拉开差距。

企业如果能培养迎难而上的劲头，那么一定无往不胜。事实上，如果知难而退，企业或者员工一时会处于安全的状态，然而长期来看，这个安全地带很可能因为别人的勇敢尝试而变得落后，甚至被淘汰。如此看来，迎难而上是一种长效投资。

行动指南

只要选对了路线，就一定能克服困难。

星期四
毫不示弱

问：共产党能支持多久？

答：就我们自己的愿望说，我们连一天也不愿意打。但是如果形势迫使我们不得不打的话，我们是能够一直打到底的。

——《和美国记者安娜·路易斯·斯特朗的谈话》，1946 年

笔 记

敌人强势，我们就要用更强势的力量来对抗。所谓两军交战勇者胜，然而光

是有勇气还不够,还要摆出一种必胜的态度。

在企业管理中,强势管理者如果做到这一点,也就会获得对手和员工的尊重。一家企业,尤其是发展到了一定的程度之后,更要注意这种收放自如、毫不示弱的态度:对于比自己强大的竞争对手,做到不卑不亢;对于比自己弱小的对手,则给出选项让对手先选。

行动指南

毫不示弱是一种大将风范,收放自如令企业具备新的高度。

星期五
纸老虎

一切反动派都是纸老虎。

——《和美国记者安娜·路易斯·斯特朗的谈话》,1946年

笔 记

在毛泽东眼里,"看起来,反动派的样子是可怕的,但是实际上并没有什么了不起的力量"。中国共产党的军队用事实证明它们不过如此。原因并不是中国共产党的军队拥有什么高精尖的武器装备,而是这支军队代表的是中国老百姓的利益。

在企业管理中,管理者应照顾到大多数员工的利益,这样才能获得员工的支持。同理,企业在盈利之前,首先要确定其产品和服务能够满足消费者的需要,这样,企业方可立于不败。相反,那些背离消费者需求的企业,注定会失败。

行动指南

管理者要懂得代表多数人的意见,这样他才能变得更有力量。

第四周　　有勇有谋

星期一
什么是问题

什么叫问题？问题就是事物的矛盾。哪里有没有解决的矛盾，哪里就有问题。既有问题，你总得赞成一方面，反对另一方面……

——《反对党八股》，1942 年

笔　记

如何分析问题？关键是将问题的基本因素搞清楚，也就是问题的两个方面——赞成者和反对者。一个问题的出现，总归是触及利益和立场。提出一个问题，就要充分将矛盾的两个方面进行对比分析。通过调查实践，了解问题的两面各有什么理由，如果倾向某一面，会造成什么样的后果。

企业管理者在剖析问题的时候，更要注重问题涉及的两面性。在自己的行文或者讲话中，找到问题的根源所在，罗列出问题可能导致的后果。在权衡利弊之后，作出一个有利于大多数人的最终解决方法。

行动指南

明辨是非，有破有立，这是解决问题的原则。

星期二
放宽眼量

忘记发展经济，忘记开辟财源，而企图从收缩必不可少的财政开支去解决财政困难的保守观点,是不能解决任何问题的。

——《抗日时期的经济问题和财政问题》,1942 年

笔 记

面对困境,甚至在顺境的时候,企业也一味缩减员工工资,节约成本,而不着眼于打开市场,发展效益,这是管理者最严重的失误之一。

在历史上,共产党的部队也曾经面临严重的物资紧缺问题,军队给养不足。毛泽东提出的办法不是裁减人员,不是要大家节衣缩食,而是下决心自己动手,建立了自己的公营经济。

毛泽东说,只有发展经济才能保障供给,这是已经被明白无疑的历史事实证明了的一条真理。

由此可见,越困难的时候越要团结员工,鼓励员工和企业一道渡过难关。

行动指南

管理者面对困难,要想办法积极应对,而不是消极等待。

星期三
自力更生与交朋友

我们的方针要放在什么基点上?放在自己力量的基点上,叫做自力更生。我们并不孤立,全世界一切反对帝国主义的国家和人民都是我们的朋友。但是我们强调自力更生,我们能够依靠自己组织的力量,打败一切中外反动派。

——《抗日战争胜利后的时局和我们的方针》,1945 年

笔 记

毛泽东向来具有革命者强硬的一面:依靠自己的队伍,自力更生,有了问题想办法依靠自己的力量去解决。在这样的基础上,广泛结交同一战线的盟友,最

终取得革命胜利。

企业也需要这样的骨气和智慧。有了问题要首先站在自己设法解决的立足点上，合理利用自身资源；在解决问题的过程中结交与企业有共同利益的朋友。

在现代商业竞争中，一旦爆发利益竞争，在公关方面能争取到多数同盟者的企业将处于有利地位，而不善于争取支持者的企业将陷于不利处境。

行动指南

要赢得尊重，必须自力更生；要取得胜利，必须团结盟友。

星期四
要做研究业务的管理者

凡不注重研究生产的人，不算好的领导者。
—— 《开展根据地的减租、生产和拥政爱民运动》，1943 年

笔 记

在毛泽东看来，"一切军民人等凡不注意生产反而好吃懒做的，不算好军人、好公民"。毛泽东非常注重队伍中管理人员的业务水平提升。在面临困难时，鼓励干部带领群众自力更生，寻找解决困难的办法。他反对保守地依赖既有思维，僵化退步。

在共产党的军队最困难的时候，正是在毛泽东的鼓励下，千万军民共同投入生产，不是片面地进行节流，而是积极开源。

企业管理者亦同，脱离实际市场，一味制定指标强迫员工完成的做法，势必遭到失败。一位出色的管理者，应当是一专多能的，既有专业的一面，也有通晓其他企业治理的一面。

行动指南

研究业务的管理者,才能驾驭自己的企业。

星期五
做好长期准备

此次皖南反共事变,酝酿已久。目前的发展,不过是全国性突然事变的开端而已。

——《为皖南事变发表的命令和谈话》,1941 年

笔 记

"皖南事变"发生后,毛泽东提醒全党,此事件只是一个开始,让大家做好长期斗争的准备。

这既是一种提醒,也是一种宣告。要与敌人斗争,就要动员所有力量,从舆论、队伍组织、战略战术等方方面面都进行部署,这当然是一个长期的过程。

企业的管理者需要提醒所有员工,一场突然事件的发生,往往是长久积蓄的后果。在遭受损失之后,一方面进行善后处理;另一方面要准备好应对更长期的不良反应。正所谓,人无远虑必有近忧,为了防止再次落入陷阱,发生过的紧急事件,就不能使之形成再次发生的条件。

行动指南

管理者应学会对不良突发事件进行防范和反思。

共鸣管理
——和部下产生共鸣

过眼滔滔云共雾,算人间知己吾与汝。

——《贺新郎·别友》,1923 年

　　在毛泽东的身上既有孩子般的质朴天真,又有绝不上当的
成熟与老练;既有疾恶如仇的快意,又有着对老百姓倾心相助的
热忱;他痛恨权贵和官僚,却又对自己的干部悉心培育。在他的
身上,很多东西矛盾统一,而与自己的追随者产生共鸣,是令他
最快乐的事情。

第一周 尊 重

星期一
尊重员工

必须明白：群众是真正的英雄，而我们自己则往往是幼稚可笑的，不了解这一点，就不能得到起码的知识。

——《〈农村调查〉的序言和跋》，1941 年

笔 记

大部分人都希望享受快乐的工作，喜欢跟随有魅力的管理者，这种领导魅力很重要的一个组成部分就是对员工的尊重。

尊重员工也是人性化管理的必然要求，是回报率最高的感情投资。尊重员工是领导者应该具备的职业素养，尊重员工本身也是获得员工尊重的一种重要途径。

尊重员工就是给予员工充分的发挥空间，即使是在工作时间，管理者也不应过多地用硬性的条条框框去约束员工，而是着眼全局，在尊重员工个人权利的基础上，将完成工作目标作为管理方向。

行动指南

尊重自己的员工，同时也就是激发他们最大的潜力。

星期二
眼睛向下

眼睛向下,不要只是昂首望天。没有眼睛向下的兴趣和决心,是一辈子也不会真正懂得中国的事情的。

——《〈农村调查〉的序言和跋》,1941 年

笔 记

普通民众的选择决定着中国的命运和前途,他们的利益被满足,国家就会安定团结。因此中国共产党特别注重农民阶级的利益,因为共和国的缔造正是得力于取得了农民阶级的支持。

很多企业管理者或者主张精英治理,或者主张硬性管理,却偏偏忽视了普通员工的利益。优秀的管理者会让每一位员工都感受到来自企业的关怀。了解员工的问题,提供给他们帮助。唯有如此,员工才会对企业产生归属感,才会倾尽全力为实现企业的目标而努力。

行动指南

眼睛向下,是出色的管理者必备的素质。

星期三
批评的目的

但是我们揭发错误、批判缺点的目的,好像医生治病一样,完全是为了救人,而不是为了把人整死。

——《整顿党的作风》,1942 年

笔 记

毛泽东的这句话说出了批评的终极目的。批评是管理中必不可少的手段,对员工进行批评是帮助员工认识到问题所在,而不是为了满足管理者训人的"个人乐趣"。

有的管理人员,往往感觉不训斥部下就没有完成自己的任务。殊不知,每次批评,每句刻薄的语言,伤在员工的身上,也伤在了企业的身上。

而善意的和中肯的批评,是犯下过错的员工乐于听到的。因为员工也要求进步,也不希望自己犯错。如果管理者能用适度的批评帮助员工加强自身素质的提高,员工也会乐意接受。

行动指南

管理者要搞清楚批评的目的是为了帮人提高而不是整人。

星期四
爱护自己的手下

从前许多同志的文章和演说里面,常常有两个名词:一个叫做"残酷斗争",一个叫做"无情打击"。这种手段,用了对付敌人或敌对思想是完全必要的,用了对付自己的同志则是错误的。

——《反对党八股》,1942 年

笔 记

毛泽东反对在部队中体罚士兵,他像爱护老百姓一样爱护自己的士兵。在管理中,这种爱护同样是激发员工共鸣的一个手段。有这样一个故事:张某帮了下属李某一个大忙,李某就显得特别忠诚。这件事被王某看到了,他得出了一个结论:"张某想要驾驭李某,所以他帮了李某的忙,结果呢,李某自然对张某好。"

然而事实却并非如此,因为王某和张某的世界观迥异,境界差距较大。事实证明了这点,王某为了驾驭下属,也找机会给了下属一些蝇头小利,结果下属并没有表现出忠诚。王某想不明白,为什么会这样?在他的观察中,他发现张某并不是为了驾驭部下而去帮忙,而是出于真心的无所求的爱护。

于是,王某决定效仿张某,他时刻要求自己做到爱护下属,即使是下属犯了错,也在批评的基础上表示理解与宽容。渐渐地,王某的这种行为成了一种习惯,他不再是为了得到下属的尊敬,而是出自内心的爱护。此时,他发现下属反而日益努力和忠诚起来。

行动指南

真心爱护自己的手下,如同将军爱护自己的士兵。

星期五
民智不可低估,管理不能生硬

有些人说:老百姓没有知识,不能实行民主政治。这是不对的。在抗战中间,老百姓进步甚快,加上有领导,有方针,一定可以实行民主政治。

——《和中央社、扫荡报、新民报三记者的谈话》,1939 年

笔 记

在毛泽东眼里,群众有很多智慧需要领导者去学习,去研究,只有把握了他们的智慧和思考方式,才能将他们团结起来,实现革命的成功。

管理者的误区常在于以自我为中心,将管理看做是硬性的对抗式行为。事实上,真正的管理应当是研究员工的个性,依据他们的特长、性格和岗位性质的不同,分别对待,而不是一刀切式的管束。员工是有自己的智慧的,管理者也并非完人,不能以高高在上的主宰者的姿态去对待员工。

行动指南

用心学习员工的智慧,让管理产生制度之外的弹性。

第二周 共进退

有饭大家吃

中国有一句老话："有饭大家吃。"这是很有道理的。既然有敌大家打，就应该有饭大家吃，有事大家做，有书大家读。

——《新民主主义论》，1940 年

笔 记

现代管理学把人的需求分门别类，强调管理者对员工不同需求的洞察力。问题在于，激励策略有时候会陷入失灵状态。因为人的需求是随着思想的发展而不断变化的。单纯满足员工某一方面的需求，激励效果有可能打折扣。

企业管理中同样存在这个问题。比如，企业提拔年轻干部，在常理而言，这是一种有效激励。然而被提拔的人可能却会提出许多附加条件，而其他员工也觉得这种提拔是对自己利益的漠视。

毛泽东是如何解决这个问题的呢？他从调查研究入手，将共鸣作为管理的激励手段，既解决思想问题，又解决实际问题，大力提高士兵的思想觉悟，让大家为一个共同目标产生内心共鸣。

行动指南

用"有饭大家吃"的思维方式，让大多数员工产生共鸣。

星期二
做好吃苦的准备

一切新的东西都是从艰苦斗争中锻炼出来的。新文化也是这样，二十年中有三个曲折，走了一个"之"字，一切好的坏的东西都考验出来了。

——《新民主主义论》，1940 年

笔 记

面对新形势、新环境，管理者要做好艰苦摸索的准备，这不只是管理者自身的艰苦，更是所有员工共同的艰苦。只有让员工在艰苦中完成任务，员工才会加倍珍惜工作的成果。

改革开放三十年来，我们的企业在管理中向成熟的市场经济学习，学到了很多有用的东西。然而，最有实用价值的还是具有中国特色的管理手段。这些管理手段经历过痛苦的摸索过程，现在仍旧没有定论。

管理手段和理论的提炼是一个艰难的过程，管理者和员工都应该做好吃苦的准备。

行动指南

管理者应学会让员工参与管理方式上的摸索，与企业共同发展。

星期三
让多数人共鸣

……利用矛盾，争取多数，反对少数，各个击破；是有理，有利，有节。

——《论政策》，1940 年

笔 记

　　毛泽东将团结他人以实现革命胜利的思路,发挥到了极致。在复杂的革命形势中,通过对比敌我双方力量,分析社会各阶层的立场和态度,团结大多数人,用团结一致来战胜强敌,是中国共产党最宝贵的经验。

　　在管理中,对影响公司整体运转的不利因素,就应当利用多数人的力量去孤立不利因素,从而实现少数服从多数,最终实现上下一致,齐心协力。对于利益的冲突,管理者应当维护大多数人的利益,只有如此,就能让管理做到"有理,有利,有节"。

行动指南

　　用大多数人的共鸣,实现管理的顺畅。

星期四
要熟悉员工

　　什么是不熟?人不熟。文艺工作者同自己的描写对象和作品接受者不熟,或者简直生疏得很。

——《在延安文艺座谈会上的讲话》,1942 年

　　有两个方法是必须采用的,一是一般和个别相结合,二是领导和群众相结合。

——《关于领导方法的若干问题》,1943 年

笔 记

　　毛泽东在研究文艺管理时,发现了一个问题,那就是"我们的文艺工作者不熟悉工人,不熟悉农民,不熟悉士兵,也不熟悉他们的干部"。

　　不熟悉带来的结果就是作品严重脱离生活,造成文艺作品空洞乏味,没有人能读得懂,也没有人愿意读。

这种观点尽管对于当今的文艺作品并不完全适用,但在管理上却道出了一个真谛:管理者提倡的内容,如果是严重背离员工的,员工必然不买账。而背离员工的根本原因,就是管理者不知道员工到底关心什么,对于员工的生活不熟悉。

行动指南

管理者应熟悉自己的团队成员,创造让团队成员产生共鸣的文化和制度。

星期五
意见的集中与转化

将群众的意见(分散的无系统的意见)集中起来(经过研究,化为集中的系统的意见),又到群众中去作宣传解释,化为群众的意见,使群众坚持下去,见之于行动,并在群众行动中考验这些意见是否正确。然后再从群众中集中起来,再到群众中坚持下去。如此无限循环,一次比一次地更正确、更生动、更丰富。

——《关于领导方法的若干问题》,1943 年

笔 记

毛泽东带领的军队具有强大战斗力,因为战士们的意见和指挥者的意见是一致的。

在企业管理中,同样需要如此。如果一个企业,所有员工都希望得到一定的奖赏,那就号召大家达成目标,以奖赏作为目标;如果员工希望得到舒适的环境,那就将达成目标的回报作为舒适的环境;如果员工希望得到加薪与升职,那就将此作为激励目标。所有这些,都是一种意见的集中与转化,实现企业的长远宗旨。

行动指南

将分散的意见集中起来,转化为共同进步的动力。

第三周　善意与趣味

星期一
和对手做朋友

对于国民党军队,应继续采取人不犯我我不犯人的政策,尽量地发展交朋友的工作。

——《论政策》,1940 年

笔　记

在革命的特殊时期,即便是敌我关系,也应当放下姿态,利用对方的长处。毛泽东告知自己的军队,要团结也要斗争,要分清敌我也要与对手交朋友,并在这个过程中转化对方,让对手和自己携手共同实现自己的目的。

管理不仅是对内管理,也是对外管理。对内,管理者应当与自己意见不合者做沟通,在特定时段共同努力,达成目标;对外,尽量争取对手阵营中有可能转化为我方力量的人员。与对手做朋友,在不损害双方利益的前提下,摒弃前嫌,实现双方的共同目标。

行动指南

学会和对手做朋友。

星期二
趣　味

我希望这个报纸好好地办下去,多载些生动的文字,切忌死板、老套,令人看不懂,没味道,不起劲。

——《〈中国工人〉发刊词》,1940 年

笔 记

毛泽东在言谈中多有幽默之举,他讨厌套话空话,更讨厌死板俗套的专业术语。

毛泽东的诗词和文稿,大都是平白而趣味十足的语言,这种腔调是广大民众熟悉而乐于接受的。这也说明了一个道理——管理学是深奥的,管理却是平白生动的。

管理必须做到生动,员工喜欢听故事而不是说理,因为故事本身就是一个道理,充满趣味的人生经历更有利于建立员工与管理者之间的情感联结,也在客观上让员工更乐于接受管理。

行动指南

做一个有趣的管理者,站在员工的立场上,像讲故事一样做管理。

星期三

不可损人利己

凡有损人利己之心的人,其结果都不妙。

——《新民主主义的宪政》,1940 年

笔 记

管理者的角色定位决定了其不能以损害员工利益作为管理的出发点。如果一个企业的管理者处处以牺牲员工利益为代价推行自己的管理,那么正如毛泽东所言,"其结果都不妙"。

与损人利己相反,夸奖别人,让员工分享利益却往往可以使管理工作更加顺

畅。人天生喜欢被赞美,不喜欢被批评:赞美下属可以让他更积极地工作,同时更容易改正不足;而一味批评反而会让他产生逆反心理,事事对着干,或者找出种种理由来为自己辩解,反而不利于改进工作。同样,人具有趋利避害的天性,损害员工的利益从而实现企业的利益,会让军心涣散,众叛亲离。

行动指南

永远不要用员工的利益换取企业的利益。

星期四
生动的品格

如果一篇文章,一个演说,颠来倒去,总是那几个名词,一套"学生腔",没有一点生动活泼的语言,这岂不是语言无味,面目可憎,像个瘪三吗?

——《反对党八股》,1942 年

笔 记

毛泽东爱护青年学生,但是反对讲话作文中的"学生腔"。在他看来,革命队伍代表的是社会上千万的民众,就一定要摆脱"学生腔",转而学习群众的智慧和语言。

群众的语言,最大的特点就是生动。这种特点来源于实际生活,一个人经历的事情多了,如果留心观察,就能发现有趣之处。在管理中,把这些生动的细节结合起来,就形成了令人印象深刻的管理体系。

一位出色的管理者,往往也是一位充满活力的人。他能用丰富多样的表达方式,让员工接受隐藏其中的道理。就像毛泽东在《反对党八股》中所说的那样,如果颠来倒去总是那几句腔调,没有一点接近大众的语言,那就是面目可憎的管理。

行动指南

在管理中,要注意添加生动的品格,避免俗套空洞的"学生腔"、"官腔"。

星期五
"中药铺"式的讲话最讨厌

一篇文章充满了这些符号，不提出问题，不分析问题，不解决问题，不表示赞成什么，反对什么，说来说去还是一个中药铺，没有什么真切的内容。

——《反对党八股》，1942 年

笔 记

毛泽东对于管理者那种通篇都是小标题的做法很反感，在他看来，这种方式无异于"开中药铺"："中药铺的药柜子上有许多抽屉格子，每个格子上面贴着药名"。

这种方法实质上是形式主义，完全按照事物的外部特征来归类，而不是着眼于内在联系。用一大堆生硬隔绝的概念生拼硬凑成管理的内容，无异于是在做概念游戏，这种管理方式容易将员工引入不用脑筋想问题的境地，逐渐使员工懒于思考事物的本质联系，只满足于外在的现象堆砌，不利于企业的发展。

行动指南

管理者不应迷恋于"中药铺"式的概念罗列，而应注意把握事物的内在联系。

第四周　凭据就是说服力

星期一
用数据说话

什么人是根本的力量,是革命的骨干呢?就是占全国人口百分之九十的工人农民。

——《青年运动的方向》,1939 年

笔 记

　　毛泽东对于中国革命的分析并非空穴来风,而是经过了充分的社会调查。由调查中得来的数据,就成了他经常运用的论据。用数据说话的习惯,具有无可辩驳的说服力,也具有科学性。

　　我们大多数的企业家都不擅长这样做,原因在于管理者往往以自我为中心,只希望员工在硬性制度的束缚之下完成工作目标。殊不知,生硬的管理非但达不到目标,反而会使失去共鸣的员工日益疏离。

　　在管理实践中,告诉员工从市场调查中得来的数据,用科学的手段告诉他们应该做什么,为什么要这么做,这才是让员工感到心服口服的管理手段。

行动指南

　　养成用数据说话的习惯。

星期二
用事实说话

只有千百万人民的革命实践，才是检验真理的尺度。

——《新民主主义论》，1940 年

笔 记

毛泽东除了用数据说话，还喜欢用事实说话。理论再炫目，终究是空口无凭，而客观发生的事实和革命实践却是检验这些理论的最好工具。

既然实践如此重要，管理者在说话做事的时候就应当以务实的态度，将已经发生和正在发生的现实情况作为理论和管理的来源。

务实就是要求我们沉下心来做实事，把必须做和应该做的事情做好做足做到位。有时表面功夫固然很重要，但是务实更是基础。

行动指南

聪明的管理者会学会积累更多的实际经验。

星期三
管理中的"两个凡是"

凡是敌人反对的，我们就要拥护；凡是敌人拥护的，我们就要反对。

——《和中央社、扫荡报、新民报三记者的谈话》，1939 年

笔 记

分清敌友是毛泽东始终强调的一件事。非此即彼的敌友关系，决定了双方立场截然相反。于是，敌人反对的就是我们拥护的，敌人拥护的就是我们反对的。

在企业中,聪明的管理者也会巧妙地利用这样的辩证关系,建立起企业与员工之间的共鸣。有时候对手做不成的事情恰恰是我们要努力去做成的,这对于激励员工、提升积极性是一种有效方法。

行动指南

管理者要学会用与竞争对手不同这种手段去激励员工。

星期四
服 从

鉴于张国焘严重地破坏纪律的行为,必须重申党的纪律:(一)个人服从组织;(二)少数服从多数;(三)下级服从上级;(四)全党服从中央。

——《中国共产党在民族战争中的地位》,1938年

笔 记

中国传统文化讲究个人修为,讲究独善其身,纪律意识一向为我们所缺。毛泽东就曾经说:"日本敢于欺负我们,主要的原因在于中国民众的无组织状态。"

在管理中,这种现象也屡屡出现。在企业里会出现一些爱耍小聪明的员工,对于企业的纪律阳奉阴违。这样的员工会使企业的执行力受到很大的影响。管理者针对这种现象,必须制定相关准则,减少指令的传递次数,争取让指令以最快的速度和最少的信息减损,直接由上到下进行传播。如果完不成指令,能在第一时间找到直接责任者,以此约束指令传达,提高执行力。

行动指南

减少信息传递层级,提高服从力和执行力。

星期五
文化就是战斗力

没有文化的军队是愚蠢的军队,而愚蠢的军队是不能战胜敌人的。

——《文化工作中的统一战线》,1944 年

笔 记

知识并不完全等同于文化,我们常说某某有文化,并不单指此人知识渊博,而是包含了为人处世的智慧、做事的先后顺序、思考问题的角度等,只有具备全面的素质,才能称之为有文化。

毛泽东所说的文化,也是指这样的文化。在现代企业的管理中,文化管理也是重要的一项。管理者要尽力培养员工的文化,继而形成独具特色的企业文化。在这种氛围之下,企业才能具备独特的魅力,具备惊人的成长力。

行动指南

让员工变得有文化,想方设法提高他们思考和处事的能力。

小谋大略
——管理中的方法论

宜将剩勇追穷寇,不可沽名学霸王。

　　　　　——《七律·人民解放军占领南京》,1949 年

　　论谋略,百年以降,无人能出其右。毛泽东靠着他从实践和书本中习得的谋略,创立了引导人民实现独立与解放的宏大理想。这些谋略同样适用于今日中国企业的管理。

第一周　智者千虑

星期一
全　局

　　要提倡顾全大局。每一个党员，每一种局部工作，每一项言论或行动，都必须以全党利益为出发点，绝对不许可违反这个原则。

　　　　　　　　　　　　　　　　　　　　——《整顿党的作风》，1942 年

笔　记

　　所谓顾全局，就是在思考、决策、执行的一系列过程中，第一要务就是全面考虑。这种全局意识并非一朝一夕形成的，而是在长期实践中锻炼养成的。这种境界的实质在于局部服从全局、小利益服从大利益、小事服从大事。

　　现代企业的领导者，必须在全局谋略上做到两点：第一，高屋建瓴，统筹安排。管理者要掌控企业的方方面面，就需要进行全方位思考，谨防顾此失彼。同时要分清主次，缓急有度。第二，要将眼光放得比普通人更长远。现实与未来的种种情况，管理者都要有所思考，使自己成为一位立足于现实、着眼于未来的智者。

行动指南

　　胸怀全局的管理者，才能进入更高的谋略境界。

星期二
策略是生命

　　政策和策略是党的生命……

　　　　　　　　　　　　　　　　　　　　——《关于情况的通报》，1948 年

笔 记

　　人类的发展史就是一部革命史。在大部分已发生的革命中,革命者既要破坏旧有的秩序,同时又要有效地控制革命的破坏力,这就需要一种得当的策略。然而,要做到在任何时候都采取正确的政策和策略,却是一个大难题。很多革命或者改革没有将策略视作自己的生命,结果往往走入了一种困境。

　　企业管理也要将策略当做企业的生命。管理者的决策就是一种策略,这个决策效果的好坏,应当有一个评判标准,那就是代表一种前进的力量。如果某种策略在推行过程中出现偏差,即便取得了意想不到的效果,长远看来,这样的企业注定要被市场所淘汰。

行动指南

　　管理者制定的策略是否正确,决定了企业是否具有长久的生命力。

星期三
战略不同于战役

　　说准备反攻,并不是立即反攻,条件不够是不能反攻的。而且这讲的是战略的反攻,不是战役的反攻。

　　　　　　——《和中央社、扫荡报、新民报三记者的谈话》,1939 年

笔 记

　　谋略是管理者需要潜心钻研的智慧。其中,谋与略并不相同,谋是具体的战术,而略是宏观的战略。战略无疑是一盘棋局,而战术则是这盘棋中的不同棋子。正如毛泽东所讲,战略上的反攻,并不意味着战役上也要立刻反攻。毛泽东将抗日战争分为三个阶段,战略防守、战略相持、战略反攻。每个阶段又要为下一个阶段做好准备,在每个时间段内,尽管总体目标既定,但具体战术却不尽相同。

在企业的经营中,也存在略与谋的关系。一家企业要进入战略扩张阶段,并不是从制定战略之后立刻就开始四处奔忙,还需要具备必要的条件,比如团队的扩展、资金的筹备、对市场的监测等。很多企业在发展到一定阶段之后,依靠管理者的一个狂热构想就匆忙扩张,而与之相应的战略筹划却一片空白,其结果往往是由一个细节引发灾难,诸如资金链断裂、人员流失、市场转向低谷等。

行动指南

战略永远大于战役,管理者应做好战略准备,再开展各个战役。

星期四
胸中有"数"

对情况和问题一定要注意到它们的数量方面,要有基本的数量的分析。
——《党委会的工作方法》,1949 年

笔 记

管理者对于团队的把控,就如毛泽东所说,要"注意数量",作出数量分析,唯有如此,才能据以作出正确的政策。比如,在进行土地改革时,毛泽东对地主、富农、中农、贫农各占多少比例,各有多少土地,都做到了了然于胸。

在企业管理中,管理者往往忽略数量分析的重要性。实际上,团队的建设同样会遭遇很多数量问题,比如成员的背景分析、工作量、进度、工程数据等,如果脱离这些数量统计,管理者就无法把控整个团队的运行,继而对企业的长远发展产生不利影响。

行动指南

管理者要心中有"数",也要让团队成员养成这种以数说话、有数可查的工作习惯。

星期五
不耍小聪明

一切狡猾的人，不照科学态度办事的人，自以为得计，自以为很聪明，其实都是最蠢的，都是没有好结果的。

——《整顿党的作风》，1942 年

笔 记

小聪明与大智慧不同，小聪明看似狡黠，实则惹人生厌。

正如毛泽东所说，要做一个脚踏实地的人。管理者尤其要如此，一位勤恳办事的管理者，给员工的印象是值得信赖；而总是耍小聪明"测验"员工的管理者，会让员工也变得爱耍小聪明，这对于企业是一种有害的谋略。

行动指南

管理者应脚踏实地，为团队成员树立良好的形象。

第二周　因势利导

游击战术

我们三年来从斗争中所得的战术，真是和古今中外的战术都不同。用我们的战术，群众斗争的发动是一天比一天扩大的，任何强大的敌人是奈何我们不得的。我们的战术就是游击的战术。大要说来是："分兵以发动群众，集中以应付敌人。"

——《星星之火，可以燎原》，1930年

笔　记

毛泽东的游击战术，古今一绝。正所谓"敌进我退，敌驻我扰，敌疲我打，敌退我追"。这个战术谋略就在于首先确立好大本营，在特定区域内利用各种有利条件形成割据，尔后采用波浪式的策略推进。这种战术就如同一张网，既能够在休战或者转移时打开，又能在战时迅速聚拢。

在企业的转移中，也有这种成功的游击战术。比如近两年来频繁开办新厂的代工企业富士康。由于在广东省产业结构升级和制造业的利润微薄，富士康陷入困局。但在广大的中西部地区，代工模式依旧具有超强的生命力。于是，我们就看到富士康积极谋划战略转移，而所到之处无不受到热烈欢迎。

行动指南

游击，就是要寻找企业的最大价值所在。

星期二
蠢人其势汹汹

谁人不知,两个拳师放对,聪明的拳师往往退让一步,而蠢人则其势汹汹,劈头就使出全副本领,结果却往往被退让者打倒。

——《中国革命战争的战略问题》,1936 年

笔 记

冒进的一方往往不会有好下场。毛泽东深知这个道理,在革命战争进行得如火如荼之际,他始终保持着清醒。"左倾"冒进让共产党在革命初期吃尽了苦头,因此才有了确立以毛泽东为领导核心的遵义会议。可惜这样的清醒并不是每个领导者都能保持的,即便是毛泽东本人,也在革命胜利、全国形势一片大好的情况之下,作出了"大跃进"这样的错误决定。

企业的领导者要做到完全的理智与清醒,也不是容易的事。然而,正因为难于做到,管理者才更应当时刻注意。回顾改革开放三十年以来许多企业的风云人物,他们大都红极一时,然而时过境迁,他们的大刀阔斧最终成空,而那些小心谨慎者们,却一直走到了今天。

行动指南

聪明的管理者总是会以隐忍、稳健作为主要策略。

星期三
到什么山上唱什么歌

俗话说:"到什么山上唱什么歌。"又说:"看菜吃饭,量体裁衣。"我们无论做什么事都要看情形办理,文章和演说也是这样。

——《反对党八股》,1942 年

毛泽东善于根据不同的条件因势利导,表达自己的观点。就比如他说的"到什么山上唱什么歌"、"量体裁衣",实质上就是指依据对象的不同,表达策略也应不同。

这句直白的俗语,正道出了企业管理的一种谋略。来自不同地区和国家的企业,在参与商业竞争时,都应当从自身实际限制条件出发,争取管理效用的最大化。

中国目前就是这样一座山,而作为企业的管理者,要根据这座山的具体特征,也就是我们常说的中国特殊国情,再结合国际通用的商业管理准则,积极探索,从而唱出最适合企业的"歌"。

管理者应当在企业管理实践中分清对象,采用不同的策略。

星期四
先取分散,后取集中

我军作战方针,仍如过去所确立者,先打分散孤立之敌……后打集中强大之敌。

——《解放战争第二年的战略方针》,1947 年

毛泽东的战争谋略高人一筹。在中国革命的进程中,他强调要先夺取中、小城市和面积广大的乡村,最后才攻取大城市,不以形式化的占领城池作为衡量目标,而以歼灭敌人有生力量作为主要目标。而要歼灭敌人,首先要从薄弱环节入手,也就是分散的敌人,然后再集中力量攻取聚合的强敌。事实证明,毛泽东的

策略是完全正确的。

现代企业的市场竞争也是如此,管理者应当以占领竞争比较弱的领域为发展方向。

行动指南

管理者应学会从分散的市场中积聚力量,等待时机成熟再进军集中领域。

星期五
轻视与重视

全世界帝国主义和中国蒋介石反动集团的统治,已经腐烂,没有前途。我们有理由轻视它们……但是在每一个局部上,在每一个具体斗争问题上(不论是军事的、政治的、经济的或思想的斗争),却又决不可轻视敌人,相反,应当重视敌人,集中全力作战,方能取得胜利。

> ——《关于目前党的政策中的几个重要问题》,1948年

笔 记

毛泽东关于中国革命的问题,数次提到过轻视与重视。就大的层面而言,很多问题或许早就浮现出明显的趋势和答案,然而在微小的技术环节上,却必须谨慎对待。

企业管理的道理与此相同。管理者在带领企业前进时,要保证大方向是正确的,如果这个大方向相对明朗,可以稍微放松对这一方向的反复强调;然而,在细小的环节上,却要进行必要的重视,以此保证目前所有人共同努力的精神状态,防止功亏一篑。

行动指南

管理者要时刻意识到,战略上越成功,战术上要越谨慎。

第三周　善于把控

总部对分支的绝对控制

必须坚决地克服许多地方存在着的某些无纪律状态或无政府状态……给予革命利益的损害,极为巨大。各级党委必须对这一点进行反复讨论,认真克服这种无纪律状态或无政府状态,将一切可能和必须集中的权力,集中于中央和中央代表机关。

——《一九四八年的土地改革工作和整党工作》,1948 年

笔　记

毛泽东对军队的领导主要依靠政治领导,而要保证政治领导的稳定,必须具备由上至下的畅通渠道。这就是共产党总部对于分支的绝对控制。这种控制并非生硬的管制,而是从体系上建立合理的制度,保证权力的收放适当。

企业的生产和管理,也需要处于稳定、和谐的环境中,不仅员工要具有稳定的工作心态,在制度和权力架构上也要保证沟通的顺畅。最高管理者的决策是经过高瞻远瞩的长远考虑的,但是下层未必能迅速理解管理者意图,为了保证决策的正确执行,必须建立一套沟通顺畅但又有效的控制体系。

行动指南

管理者要创造由上而下的稳定执行机制。

星期二

物质鼓励,立竿见影

领导的阶级和政党……必须具备两个条件:(甲)率领被领导者(同盟者)向着共同敌人作坚决的斗争,并取得胜利;(乙)对被领导者给以物质福利,至少不损害其利益,同时对被领导者给以政治教育。

——《关于目前党的政策中的几个重要问题》,1948 年

笔 记

如何让员工充分发挥他自身的能动性、积极性和创造性去完成工作呢?在这一点上,合理的物质利益无疑是种好的激励方式。因为这是与他切身利益最密切相关的东西之一,也是他最关心的。而单纯的说教、鼓动,或许短时间是有效果的,但从长期来说,肯定是要失败的。

将物质鼓励制度化,会将这种立竿见影的效果不断延伸。

行动指南

物质鼓励,是一种立竿见影的激励手段。

星期三

团结与孤立

这种情况,使得我们有必要和可能争取其大多数,孤立其少数。

——《关于民族资产阶级和开明绅士问题》,1948 年

笔 记

毛泽东坚持的群众路线,其秘密在于团结多数,孤立少数。对待凶狠的入侵者,

正是团结了最广大的革命盟友,用有生力量孤立割裂敌人的队伍,从而各个击破。

很多企业家也时常碰到这样的境遇,企业陷入困局,没有良策来应对。事实上,这种局面一般都可分三步走:第一步,稳定局面,查明事实;第二步,寻找企业的赞同者,进行公关;第三部,建立有效的攻守同盟,坚持企业的正确道路。

行动指南

管理者要在困局中团结可以团结的,孤立必须孤立的。

星期四
令其诉苦,尔后转向

由于诉苦(诉旧社会和反动派所给予劳动人民之苦)和三查(查阶级、查工作、查斗志)运动的正确进行,大大提高了全军指战员为解放被剥削的劳动大众,为全国的土地改革,为消灭人民公敌蒋介石匪帮而战的觉悟性。

——《评西北大捷兼论解放军的新式整军运动》,1948 年

笔 记

毛泽东改造旧军队最成功的典型案例,是将国民党滇系第 60 军改造为中国人民解放军第 50 军。这支原国民党部队的官兵大多也是穷苦人出身,了解这一点之后,毛泽东采用了一套"自我诉苦、自我激励"的谋略。他首先发起了部队内部大讨论,让每位士兵都来诉苦,"大倒苦水"。那些心有不平,或者受尽委屈的士兵上台积极发言,随后,这种诉苦活动由个体普及到整支部队。结果是台上台下形成了有效互动,大家都意识到共产党的部队才是自己真正的归宿。

在企业的管理中,这样的谋略也是必要的。员工都有自己的个人观念和意见,如果将这些意见封锁在员工中间,妄图视而不见,结果就会引起一股普遍性的怨气。正确的做法应当是,管理者通过具体的活动,充分了解员工的想法,让他们说出自己的观点,然后进行讨论,去除错误的,保留正确的。通过这种倾诉,再结合企业的长远目标,最终形成上下一致的行动力。

行动指南

管理者应认真倾听员工"诉苦",令员工正视听,去病留真。

星期五

依靠干部,控制局面

党的工作干部在数量上和质量上,确能掌握当地的土地改革工作,而非听任群众的自发活动。

——《一九四八年的土地改革工作和整党工作》,1948年

笔　记

中国共产党的部队作风硬朗,很重要的原因是干部的带头作用。正如许世友将军所说:"有带头冲的官,就有不怕死的兵。部队好的作风,是靠打仗打出来的,是靠指挥员带出来的。"干部作为榜样,是一套有效的示范,中国共产党在过去的历史中用自己的行动证明了这一点。

在企业管理中,面对复杂的形势,也需要培养一批有带头作用的管理者。将好的人才放到合适的位置上,通过激励手段,形成管理者带头、员工跟随的良性局面。做到这一点的关键在于具有带头作用的管理者需要一套行之有效的激励手段,而且要知人善任,让具有冲关精神的人在关键岗位上发挥带头作用,通过这种谋略,控制整个企业的进程。

行动指南

依靠合适的骨干,能快速有效地控制局面。

第四周 觅得良机

以战养战

以俘获敌人的全部武器和大部人员，补充自己。我军人力物力的来源，主要在前线。

——《目前的形势和任务》，1948 年

主要向敌军和国民党区域求补充，只有一部分向老解放区求补充。

——《解放战争第二年的战略方针》，1947 年

笔 记

毛泽东对中国古代战术谋略的学习，充分体现在他对现代战争的指挥当中。其中一条就是"以战养战"。共产党的部队很重视从敌人身上取得补给，这种谋略思想帮助其迅速成长。

在现代商业竞争中，作为企业管理者，也须学会这种谋略，善于统筹安排，善于借鉴对手的策略，在竞争中学习。更值一提的是，企业应将技术的引进作为腾飞的要略。而技术是可以通过直接购买或引进人才实现的，这种借"鸡"下蛋、以战养战的谋略是现代商战中的必备理念。

行动指南

管理者要在竞争中学习，在模仿中提高。

星期二
迂回前进

人们经过失败之后，也就从失败取得教训，改正自己的思想使之适合于外界的规律性，人们就能变失败为胜利，所谓"失败者成功之母"，"吃一堑长一智"，就是这个道理。

——《实践论》，1937 年

笔 记

毛泽东是不畏惧强敌的伟人，也是保持高度理性的指挥者。他的强硬，并不是硬碰硬的鲁莽行为，而是在战场上巧妙地迂回，以此推进实现自己的目标。

在现代商业竞争中，企业通常都要受到诸如资金、团队、技术等因素的约束，这时候管理者不能盲目追求发展速度和规模，而是应当针对企业的实际能力和未来发展空间，合理地进行迂回发展。管理者首先要在内心形成对行业的精确把握，然后根据员工的执行能力，发挥员工的最大能量。

行动指南

冒失盲目是管理者的大忌，而迂回前进则是管理者的高超技巧。

星期三
稳扎稳打

我们的方针是稳扎稳打，不求速效，只求平均每个月消灭国民党正规军八个旅左右，每年消灭敌军约一百个旅左右。

——《关于情况的通报》，1948 年

笔 记

古语说,小不忍则乱大谋。毛泽东就这样要求自己的部队,在解放战争的末期,眼看胜利在望,但更要稳步推进,因为困兽犹斗的敌人,一旦被逼入死角,有可能爆发出惊人的反扑力量。

企业的经营也是如此,稳扎稳打的风范是一家成熟企业必须具备的特征。因为企业发展到一定规模之后,运营转入正轨,收支对比也比较均衡。此时的管理,需要让所有人都安心工作,使企业稳步增长,建立切实可行的战略规划,向着目标迈进。

行动指南

稳扎稳打的管理,让企业和员工都能各安其位。

星期四

围而歼之

每战集中绝对优势兵力(两倍、三倍、四倍、有时甚至是五倍或六倍于敌之兵力),四面包围敌人,力求全歼,不使漏网。

——《目前形势和我们的任务》,1948 年

笔 记

毛泽东在战场上的这种"关门打狗"的谋略,主要包括三个关键点:第一,先造关门之势,使战场上形成我军围困敌军的形势;第二,把握好关门的时机和要关上的门,也就是抓住战斗的重要枢纽,明确攻打的方向;第三,要抓住敌人的弱点去打,在决定要攻打的范围之后,打敌人的要害。

企业参与市场竞争,管理者也应当明确这样的谋略。将有生力量进行有效组合,然后对市场形成包围之势,选取易于打开的环节进军,事半功倍。

行动指南

管理中的围合歼之,就是集中力量解决具体问题。

星期五
亮相的战略意义

初战的计划必须是全战役计划的有机的序幕。

——《中国革命战争的战略问题》,1936 年

笔 记

毛泽东在关于军队亮相的论述中认为:第一,要有充分的全战役计划,唯有如此,才能有真正好的第一仗。第二,反过来说,初战对于全局战争的重要性也不言自明。二者是互为补充的。

企业的管理也是如此。比如海尔刚开始只是一家默默无名的小厂,张瑞敏接手后,制订了品质获胜的长远策略。在这个全局策略上,他又决心用一场行动来印证这种战略,于是砸了一批次品冰箱。这个"亮相"砸出了海尔对于品质的严格要求,赢得了市场和消费者对于海尔的忠诚度。

行动指南

管理者务必要在首战中亮出自身的特点。

点石成金
——管理中的关键细节

一桥飞架南北,天堑变通途。

——《水调歌头·游泳》,1956 年

　　在毛泽东的言论和文章中,到处是闪光的思想。这些辞章,单从纸面上来看,已经令人振奋不已。对于企业的管理者而言,这些只言片语犹如遍地金钻,灼灼其华。

第一周　自　省

击败流言

东张西望,道听途说,决然得不到什么完全的知识。

——《〈农村调查〉的序言和跋》,1941 年

笔　记

　　毛泽东对待流言的态度非常明确——坚决不信。凡事都要经过调查才有发言权。

　　企业对待流言的态度应当是强硬回击,因为流言是对无中生有之事或公众低俗趣味的迎合。流言越是敏感,越是具有话题性,越是不确定的事件,越容易被别有用心的力量控制。从这个角度来看,被流言击中的管理者们,一定要利用事实,联合舆论,进行正式、严肃的澄清,并利用法律手段,击败对企业不利的负面新闻。

行动指南

　　管理者要懂得由调查得来的事实永远是击败流言的最有力武器。

先了解自己

　　有些人对于自己的东西既无知识,于是剩下了希腊和外国故事,也是可怜得很,从外国故纸堆中零星地检来的。

——《改造我们的学习》,1941 年

笔 记

　　毛泽东很反感在故纸堆里挑拣一些陈词滥调，然后自以为很渊博的人。在他看来，再经典的文章，只有被灵活地运用到工作中，才是一种成功。否则，没有属于自己的价值观和方法论，一味地尝试用别人的道理来生硬地说服别人，是万万不可的。

　　要做到灵活运用知识，做到知其然也知其所以然，就要先了解自己。

　　作为企业的管理者，在向下推行管理规章的时候，最重要的是要明白这些规章的目的，也要明白规章可能带来的后果；而不是生搬硬套一些标准化的格式，不顾本企业的实际情况。

行动指南

　　管理者在行动之前，首先要明白自己的处境。

星期三

珍惜错误

　　我们走过了许多弯路。但是错误常常是正确的先导。

　　　　　　　　　　　　　　　　　——《改造我们的学习》，1941 年

笔 记

　　毛泽东不避讳中国共产党在革命中走过的弯路，对于曾经的错误也绝不讳莫如深，而是重视错误，并且珍惜错误。因为错误是避免下一次再犯的先导。这就如同冬天是春天的先兆、黑暗是光明的序曲一样，弯路也是直路的预兆。

　　尽管如此，还是应当尽量减少走弯路。有些弯路是每家成长的企业必然会经过的，管理者要在走过弯路之后，重新回头，仔细研究弯路。在犯过错误之后，认真反思总结，查找犯错原因。这样才能避免今后再走弯路。

行动指南

走弯路并非一定是坏事,走弯路得来的经验是成功的先导。

星期四

错误产生的原因

我们所犯的错误,研究其发生的原因,都是由于我们离开了当时当地的实际情况,主观地决定自己的工作方针。

——《在晋绥干部会议上的讲话》,1948 年

笔 记

主观主义是人们犯错的一个最直接的原因。在毛泽东的所有文献中,反对主观主义也是其中最重要的一条经验。

作为管理者,要客观务实,凡事不能信口开河,需要经过求证再得出结论,而不是离开实际,仅凭自己的臆想就妄下断论。

在企业经营中,很多时候管理者都会犯这种错误,用诸如"我想应该会怎样"、"我觉得会怎样"等句式来分析形势,殊不知这样往往会造成一种错觉——员工会以此为依据去执行,一旦实际情况与此背道而驰,失败就无可挽回了。

行动指南

杜绝想当然,就是减少犯错误的机会。

星期五
讲话切忌又长又臭

党八股的第一条罪状是：空话连篇，言之无物。我们有些同志欢喜写长文章，但是没有什么内容，真是"懒婆娘的裹脚，又长又臭"。

——《反对党八股》，1942 年

笔 记

毛泽东对于空洞冗长的干部讲话，总是报以辛辣讽刺。在他看来，很多干部的讲话了无生趣，直接后果就是引起群众的反感。

事实上，这是很多中国管理者共有的困境。在中国，绝不缺少雄韬伟略的战略家，缺少的是专注于细节的执行者；绝不缺少鸿篇大论的制度理论，缺少的是对规章条款的认真执行。而这恰恰是管理者的误区，事实上，伟大的管理正是源于细节的积累。

行动指南

管理者应简洁干练，避免空洞冗长，专注于实践层面的细节。

第二周　有的放矢

星期一

有的放矢

共产党员如果真想做宣传,就要看对象,就要想一想自己的文章、演说、谈话、写字是给什么人看、给什么人听的……

——《反对党八股》,1942 年

笔　记

在毛泽东看来,从故纸堆里得来的生僻理论,根本没几个人愿意听。就算强迫人家听,也听不懂。这就是实际生活中的"对牛弹琴",并不是牛的错,而是弹琴者选错了对象。

企业管理者往往也会犯下这样的错误,不懂得用有针对性的方法去解决问题,而是一味地将根本不适用的条例应用到管理中去,结果是"落花有意流水无情",自己吃力不讨好。

行动指南

管理要学会具体问题具体分析,要对症下药。

星期二

拿不出来的东西就不要拿出来

拿不出来的东西就不要拿出来。须知这是要去影响别人的思想和行动的啊!

——《反对党八股》,1942 年

毛泽东教导党内的革命干部,发出指令前一定要经过深思熟虑。要知道,他们的指令是要士兵冒着生命危险去执行的,如果未经考虑就轻易发出,不顾及实施错误指令的后果,那无疑是害人害己。这就是"拿不出来的东西就不要拿出来"的原因。

有些企业的管理者,自己对于情况的判断也含糊其辞,却偏偏要把半生不熟的决策放到公司的运营中,还寄希望于员工可以给自己创造奇迹。这种"拿不出来"的决策,害了员工,也害了企业。

行动指南

指令的发出必须要经过深思熟虑。

星期三
从实际出发

我们讨论问题,应当从实际出发,不是从定义出发。

——《在延安文艺座谈会上的讲话》,1942 年

笔 记

毛泽东非常注重实践。对于问题的研究,不应当仅局限于书本上关于问题的定义,而应当去面对实际发生的情况,一切应以实际为准。

企业作决策也是一样,不能因为请权威的咨询机构做出了报告,不管可行或者不可行,就严格根据这个报告来实施。企业管理者要根据企业自身的情况,以及环境的随时变动来选择自己的决策。

管理者要保证决策的真实可靠,就一定要根据企业的实际情况。一切脱离实际情况的决策都是有害的,会给企业带来灾难。

行动指南

管理者作决策，要以客观现实为依据。

星期四
要有准备

总而言之，我们要有准备。有了准备，就能恰当地应付各种复杂的局面。

——《抗日战争胜利后的时局和我们的方针》，1945年

笔 记

革命形势多变，即便如毛泽东这样的伟人，也要求自己和部下"要有准备"。当今的商业环境波诡云谲，细节上稍有疏忽就可能会引发整体失败。这就要求管理者们要做好迎接"变革时代"的准备。

"企业必须变革，否则就会死亡"，然而要真正做到这一点，首先就要做好准备。如果我们的管理者们依旧沉浸在过去几十年成就的巨大喜悦中，痴迷于以往的处事方式，而不是做好转变的准备，也许下一个出局的就是自己。

行动指南

管理只有问题，没有终极的答案，管理者要时刻做好准备。

星期五
专业化

任何同志写文章，做演说，一概要靠马克思列宁主义的真理，要靠有用。

——《反对党八股》，1942年

笔 记

　　毛泽东在这篇著名的文章中慷慨陈词:"无产阶级的最尖锐最有效的武器只有一个,那就是严肃的战斗的科学态度……靠实事求是吃饭,靠科学吃饭。至于以装腔作势来达到名誉和地位的目的,那更是卑劣的念头,不待说的了。"

　　有些企业什么赚钱多、来钱快就做什么,等到走上一定规模,就匆忙开展多元化战略。在全世界所有企业中,多元化获得成功的例子远远少于专业化,而在中国企业界,更是如此。若干多元化的狂想,结果证明不过是"装腔作势"。

　　相反,那些有明确宗旨的企业,盯紧一个领域,在这个领域做大做强,自然就不容易为送上门来的所谓"赚钱机会"所诱惑。

行动指南

　　宗旨和信念,就是专业化的先声。

第三周　层　次

眼量放长远

许多国家革命的爆发,只是时间问题,这些国家的革命和中国革命必然互相配合,共同争取胜利。

——《为皖南事变发表的命令和谈话》,1941 年

笔　记

毛泽东之所以是千古伟人,正是因为在中国革命事业的进程中,他看得比大多数人都更长远。尤其是对于世界革命与中国革命的范畴交叉研究,以及中国共产党带领民众求解放的必然路径上,这种长远的眼量使人民军队立于历史的必经之地。

世界的趋势是和平与发展,中国的路途也必然是这种大主题下的局部。企业的管理者也应当看清这种大趋势,在企业内部的管理和战略谋划上,只有站在这样的高度,才能决定每一个细节的走向。

行动指南

眼量长远的管理者懂得时刻做好准备。

管理者如何了解问题

各中央局和分局,由书记负责(自己动手,不要秘书代劳),每两个月,向中央和中央主席作一次综合报告……综合报告内容要扼要,文字要简练,要指出问题

或争论之所在。

——《关于建立报告制度》,1948 年

笔 记

毛泽东是一位制度建设的大师,他通过制度改造人们的工作习惯。在管理者了解战况这个问题上,他就提出了报告制度建设。在他看来,事先或事后向中央作报告并请求指示是必要和重要的,这能让作为中央组织的管理者们及时了解团队重要的活动和政策的内容,从而作出正确的决策。

事前请示、事后汇报的习惯用制度确定下来,就会形成团队成员与领导者之间的有效信息流通。在保障企业运行平稳、反应灵活的基础上,促成团队在既定方向上稳步前进。

行动指南

听取可信的报告是管理者了解形势最主要的方式之一。

星期三
画地为牢最可悲

决不可把自己关在小房子里,自吹自擂,称王称霸。

——《在陕甘宁边区参议会的演说》,1941 年

笔 记

市场有多大,企业发展的空间就有多大。在竞争日益激烈的今天,一旦故步自封,企业发展将面临枯竭。相反,希望基业长青的企业一定要抢占资源市场,抢占消费市场,要敢于四海闯荡,善于借力发展。

如果企业真心要长远发展,就一定不能局限于某个地域。因为长远来看,死守一地,结局将必然是销声匿迹。

管理者要勇于突破自我封闭的牢笼，大胆走出去。

星期四
管理者就是最适合的理论家

我们所要的理论家是什么样的人呢？是要这样的理论家，他们能够依据马克思列宁主义的立场、观点和方法，正确地解释历史中和革命中所发生的实际问题，能够在中国的经济、政治、军事、文化种种问题上给予科学的解释，给予理论的说明。

——《整顿党的作风》，1942 年

笔 记

毛泽东对于理论家的这番描述道出了中国革命的真相。所有遵循正确路线，指引中国革命最终成功的共产党干部，都是这样的理论家。

这恰恰也为当代中国的企业管理者们提供了一种思路：管理者就应当是最了解、最适合企业运营状况的理论家。每个企业都有自身的实际情况，管理者需要掌握理论，但这种理论必须是在具有普适性的管理理论之下，根据企业的实际问题进行改进，从而使企业更快速地驶入发展通道。

行动指南

管理者需要把握对症下药的本领。

星期五

定位是战略管理的灵魂

共产党和共产党所领导的八路军、新四军,是革命的队伍。我们这个队伍完全是为着解放人民的,是彻底地为人民的利益工作的。

——《为人民服务》,1944 年

笔 记

中国共产党领导的军队定位非常明确,就是为了解放全中国和为人民服务的人民子弟兵,这个定位给受压迫和战乱困扰的中国老百姓以无穷的向往。

这就是战略管理的灵魂——定位。

但是,中国许多的企业却缺乏准确的定位。例如,2001 年之前,光明乳业一直是中国内地乳业的领军企业,然而从 2001 年起,光明乳业作出定位转变,开始实施所谓的"轻资产战略"。在短短几年内,光明乳业通过转让技术和品牌获取利润,同时大举扩张,收购了数十家地方乳品企业。而结果却并不尽如人意,新战略出人意料地让光明陷入了亏损的黑洞。

原因就在于对这个"轻资产战略"的定位缺乏考量和论证,轻易地作出改变,使得光明丧失了顾客的认同。而曾经作为光明乳业核心定位的"保鲜奶"也在定位转换中最终退出了历史舞台。

行动指南

管理者战略定位的精确与否,决定了战略管理的最终结果。

第四周　谋者攻心

星期一
战机和人心

争取胜利的关键：第一是在善于捕捉战机，勇敢坚决，多打胜仗；第二是在坚决执行争取群众的政策，使广大群众获得利益，站在我军方面。只要这两点做到了，我们就胜利了。

——《解放战争第二年的战略方针》，1947 年

人心的向背，则是经常起作用的因素；而在这方面，人民解放军则占着优势。人民解放军的战争所具有的爱国的正义的革命的性质，必然要获得全国人民的拥护。

——《目前形势和我们的任务》，1947 年

笔　记

在革命年代，毛泽东非常看重"战机"和"人心"的关系，要在人心齐备的关键点上选择战机。而在现今的商业社会中，管理者也要从诸多细节中把握时机。

战机在于"果断才能把握机会"，人心则在于"得民心者得天下"。这两个层面的细节，都考验着管理者的果断和洞察力。只有顺应大势，在人心所向的地方果断出击，方可令企业的明天更值得期待。

行动指南

战机和人心，是企业形象的保护衣。管理者要选择战机，更要把握人心。

星期二
造　势

动员了全国的老百姓，就造成了陷敌于灭顶之灾的汪洋大海，造成了弥补武器等等缺陷的补救条件，造成了克服一切战争困难的前提。

——《论持久战》，1938 年

笔　记

造势在毛泽东的军事谋略中，是一项重要内容。细细分析，一切谋略思维活动都与"势"相关。毛泽东认为，战略、战役、战术上有个共通点，就是造势的问题。

应用到企业管理上，管理者同样要在经营中有势乘势，无势造势。通常这种造势包括以下几个方面：第一，尽力保持企业的资金优势。大企业保持低负债率，稳健的增长策略；中小企业则发挥灵活优势，对资金进行多样性的把握。第二，加大研发投入，保持领先的技术优势。在任何行业中，保持增长，就必须保持技术领先。第三，要在宣传上形成优势。现代商业社会是快速变迁的时代，也是焦点时代，只有形成观念和注意力的集中，企业才具有进一步上升的空间。

行动指南

管理者要善于造势，造出企业在资金、技术、舆论上的优势。

星期三
攻　心

从本日起的两星期内（十二月十一日至十二月二十五日）基本原则是围而不打（例如对张家口、新保安），有些则是隔而不围（即只作战略包围，隔断诸敌联系，而不作战役包围，例如对平、津、通州），以待部署完成之后各个歼敌。

——《关于平津战役的作战方针》，1948 年

笔 记

纵观中国现代革命史,不难发现,毛泽东的指挥是建立在"攻心"的基础之上的。毛泽东很擅长"进行公开的广大的政治宣传和政治攻势",以此从精神层面扩大敌人内部矛盾,增强我方的稳固性。

商业竞争也要进行"攻心"。这指的是把握消费者的需求,同时运用一些营销创新,根据消费者行为学,制定出适合不同层次消费者的营销战略和产品定位。

行动指南

攻心为上,攻城为下;心战为上,兵战为下。

星期四
政策就是方向

政策是革命政党一切实际行动的出发点,并且表现于行动的过程和归宿。一个革命政党的任何行动都是实行政策。

——《关于工商业政策》,1948 年

笔 记

在管理实践中,决策是非此即彼的,要么是正确的,要么是错误的,没有中间路线。

要保证决策的正确性,就要把握决策引导的方向。具体而言,必须在管理实践中,才能证明决策的正确与否。然而,管理的实践又存在诸多变数。因此,必须在每一个决策出台之前,进行广泛的调查,确保方向正确,确保决策发出之后,能获得大多数人的理解和支持。那种不顾后果,不顾方向,只是盲目地、没有方向地作出决策的行为,必然导致企业和员工的双重失利。

行动指南

管理者要确保决策正确,就要先保证决策引导的方向正确。

星期五
好作风要保持

中国的革命是伟大的,但革命以后的路程更长,工作更伟大,更艰苦。这一点现在就必须向党内讲明白,务必使同志们继续地保持谦虚、谨慎、不骄、不躁的作风,务必使同志们继续地保持艰苦奋斗的作风。

——《在中国共产党第七届中央委员会第二次全体会议上的报告》,1949 年

笔 记

毛泽东一生奉行艰苦朴素的作风,这也是老一辈革命家的普遍特点。作为开国者,他们深知这种作风对于保持个人和部队战斗力的重要性。

然而在很多企业中,盛行的是奢靡腐化,铺张浪费。这种坏习气只会给企业发展带来不利的影响。企业要想保持长盛不衰,很重要的一点就是保持以往艰苦奋斗的好作风。

行动指南

保持过去被实践证明的好作风。

精巧架构
——组织是管理者的放大器

红军所以艰难奋战而不溃散，"支部建在连上"是一
个重要原因。

——《井冈山的斗争》，1928 年

　　毛泽东治理下的中国共产党，是一支从困境中冲击而出的
力量。这股力量，在中国的民族解放和治国兴邦中，始终屹立桥
头。精巧的架构和奇特的治党方略，让这支神奇的队伍，战无
不胜。

第一周　领导者

星期一
指挥员

经济建设运动的开展,需要有很大数量的工作干部。这不是几十几百人的事,而是要有几千人几万人,要把他们组织起来,训练起来,送到经济建设的阵地上去。他们是经济战线上的指挥员,而广大群众则是战斗员。

——《必须注意经济工作》,1933 年

笔　记

毛泽东对于团队组织中指挥员的核心地位表述颇多,对于指挥员也提出了很高的要求:干部要处处以身作则,作战士的表率。这是做好管理教育工作的重要因素。

在现代企业中,一个企业的整体作风,往往取决于团队负责人的作风。管理者要注意培养团队负责人的表率作用。这个表率作用,不仅仅是工作上的带头冲锋,也包括方方面面的任务。企业要前进,单凭点对面式的个人带动力量是不可能的,只有扩大"点"的示范效应,将企业分块组织,使每个小块都发挥出最优效用,这样既便于管理,又能发挥更大的功效。

行动指南

出色的团队带头人,可以让团队成员都变得出色。

星期二

领导者要大气

在一个四亿五千万人的中国里面,进行历史上空前的大革命,如果领导者是一个狭隘的小团体是不行的,党内仅有一些委琐不识大体、没有远见、没有能力的领袖和干部也是不行的。

——《为争取千百万群众进入抗日民族统一战线而斗争》,1937 年

笔 记

作为中国革命的领导者,毛泽东要求中国共产党要首先在党内做到"不狭隘、识大体",也就是说,成大事者,胸怀要宽广,在处理事务的时候要有一种大气磅礴的感觉。

企业管理同样如此,尽管团队合作中不能过度强调个人力量,但是也不等于完全忽视个人作风。好的团队负责人,他的行事作风会影响整个团队,好的作风能使他充分调动团队中每位成员的积极性,并找准他们的发力点,从而创造不平凡的业绩。

要做到这一点,就要求管理者具有大气的处事原则,不拘泥于小节,不局限于阶段得失。

行动指南

出色的管理者,要有大气、不拘于小节的风格。

星期三

怎么团结人

任何有群众的地方,大致都有比较积极的、中间状态的和比较落后的三部分人。故领导者必须善于团结少数积极分子作为领导的骨干,并凭借这批骨干去

提高中间分子,争取落后分子。

——《关于领导方法的若干问题》,1943 年

笔 记

毛泽东为我们留下了许多优秀的管理方法,其中一条就是团结群众。

管理者要打造出一支能够攻城拔寨、能打硬仗的团队,就要始终团结普通员工。很多企业面临的问题是,一旦发生人事变动,整个团队都有可能弃之而去。

毛泽东巧妙地解决了团结问题,就如他所说:"善于团结少数积极分子作为领导的骨干,并凭借这批骨干去提高中间分子,争取落后分子。"企业管理者也要在组织建设中发挥骨干作用,培养一种富有活力的、不断成长的企业文化,让员工紧密团结于企业目标之下。

行动指南

团队的忠诚,来源于管理者建立富有吸引力的骨干队伍。

星期四
不能越俎代庖

党在群众中有极大的威权,政府的威权却差得多……以后党要执行领导政府的任务;党的主张办法,除宣传外,执行的时候必须通过政府的组织。

——《井冈山的斗争》,1928 年

笔 记

在中国共产党的早期奋斗历程中,毛泽东总结出"党大于政"的经验;然而,这种经验被放大之后,逐渐导致了政府功能被架空。发现这一问题之后,毛泽东发出号令,规定执行工作必须由特定组织——政府来实行。

在企业中,这种"越俎代庖"的后果也令人担忧:一是管理者自身的效用无

法最大化；二是团队建设流于形式；三是长此以往，企业的执行力会严重下滑。

在企业管理中，管理者不能越俎代庖，事无巨细都要插手，而是应当组建富有执行力的团队，依靠团队的力量去实现企业的目标。

行动指南

管理者应善于充分培养和利用团队的力量。

星期五
善于当"班长"

党委书记要善于当"班长"。

——《党委会的工作方法》，1949 年

笔 记

企业的某个团队少则数人，多则数十人，这就像军队的一个班，要当好"班长"，把这支团队带好，确实是个挑战。

对于管理者而言，不仅需要为团队制定正确的决策，还要选择合适的运营方式。要完成企业的目标，顺利执行决策，就要依靠团队力量。这就要求管理者善于将团队带好，要善于处理团队成员之间的关系。如果没有将团队带好，动作不能一致，企业目标就是空谈。

行动指南

管理者要善于当"班长"。

第二周　成　员

星期一
知识型员工的重要性

共产党必须善于吸收知识分子,才能组织伟大的抗战力量,组织千百万农民群众,发展革命的文化运动和发展革命的统一战线。没有知识分子的参加,革命的胜利是不可能的。

——《大量吸收知识分子》,1939 年

笔　记

毛泽东重视知识分子对于共产党组织的壮大作用,而在现代企业管理中,知识型员工也是这样的成员。管理学大师彼得·德鲁克认为,知识型员工是一种"精通符号和概念,能将知识或信息应用在工作的人"。根据这一定义,企业的中层干部、技术人员都是知识型员工。

然而,在很多企业中,却面临一个困境,那就是知识型员工的流失。引发这种问题的原因在于组织架构对于这类员工缺乏"软件"上的满足。管理者的正确应对之策是,以企业的目标为准绳,保留知识型员工特有的工作方式,不以刻板的规定来约束他们的才华。因为知识型员工是这类企业保持核心竞争力的重要源泉。

行动指南

管理者应充分发挥组织的灵活性,做好对知识型员工的管理。

星期二
队伍是基本条件

建立根据地的基本条件,是要有一个抗日的武装部队,并使用这个部队去战胜敌人,发动民众。

——《抗日游击战争的战略问题》,1938 年

笔 记

在毛泽东眼里,部队不仅仅是战斗的组织,还担负着宣传、动员的职责。正是这种功能的多样性,保持了中国共产党的队伍为克敌制胜提供多种力量。

企业中的团队也应当是这样的队伍。一套班子是企业实现阶段性目标的必备元素。然而,对于企业的长远发展而言,这套班子又要具备多重效用。在企业创业初期,团队要兼任市场、人员组织、文化建设等多方面的工作;进入稳定发展期之后,又要发挥创意、研发等作用。

要培养这样的组织,管理者首先需要建立一支团队,而后通过激发团队的潜力,令团队发挥组织的无穷力量,主动承担起宣传、学习、动员的任务。

行动指南

企业要有长远的发展,管理者必须要带出一支全能型的战斗团队。

星期三
步调一致

只要我们共产党的队伍是整齐的,步调是一致的,兵是精兵,武器是好武器,那末,任何强大的敌人都是能被我们打倒的。

——《整顿党的作风》,1942 年

对于企业的团队而言,步调一致就要求所有团队成员都保持共同进退的战斗之风,做大家认为应该做之事。

世界上杰出的企业都具有这种特征,即有一个独特的、保持一致步调的团队。苹果公司就是最好的例子,从乔布斯到公司首席产品设计师,都将概念设计当做企业的灵魂。从公司诞生第一天起,这就是苹果成员共同的步调,并且始终保持着这个步调,按部就班。设想,如果看到微软攻城拔寨的气势,苹果也改变步调,自己先乱了阵脚,也就不会有今天的苹果公司了。

目标明确,步调一致,有条不紊,就会成功。

行动指南

团队步调一致,保持正确的节奏,就能保证企业既定目标的达成。

星期四
养兵千日

为应付长期战争(各地应处处从长期战争着眼),今后必须有计划地扩兵,保证主力军经常满员,并大量训练军事干部。

——《三个月总结》,1946 年

笔 记

在毛泽东富有长远眼光的战略规划中,储备干部是一个重要工作。在现代商业竞争中,也要有这种人才储备的概念,正所谓"养兵千日,用兵一时"。在经济学家郎咸平看来,"企业只要开始寻找人才,这种企业的未来基本上是悲观的"。看似语不惊人,但却道出了企业进行人才储备的重要性——企业要发展,很多时候最重要的不是技术创新,而是人才的积累。

这与毛泽东关于持久战中必须进行干部储备的管理原则异曲同工。团队的积累也就是人才的培养和储备，也是一套标准化的储备体系。

行动指南

管理者要加强企业的人才储备，以备不时之需。

星期五
团结异己

注意团结那些和自己意见不同的同志一道工作。

——《党委会的工作方法》，1949年

笔 记

毛泽东在处理敌友关系的问题上，还鞭辟入里地论述道："不论在地方上或部队里，都应该注意这一条。对党外人士也是一样。我们都是从五湖四海汇集拢来的，我们不仅要善于团结和自己意见相同的同志，而且要善于团结和自己意见不同的同志一道工作。我们当中还有犯过很大错误的人，不要嫌这些人，要准备和他们一道工作。"

这正是伟大管理者的过人之处，他的管理目标是让所有人各展所长，互为补充。每个团队成员都有可以利用的优秀基因，即便在某个方面有不同，但是同处一个团队，团队目标这方面肯定是相同的。持有不同意见的人，也可以成为团队目标的统一行动者。

行动指南

管理者应当以团队目标为大局，求同存异。

第三周　沟　通

团队管理,群策群力

关于军事民主,必须在练兵时实行官兵互教,兵兵互教;在作战时,实行在火线上连队开各种大、小会,在连队首长指导下,发动士兵群众讨论如何攻克敌阵,如何完成战斗任务。在连续几天的战斗中,此种会应开几次。

——《军队内部的民主运动》,1948年

笔　记

毛泽东强调要学习,这种学习的途径是多种多样的,其中之一就是互相学习。也就是给每个人都建立发言的机会,取长补短,群策群力。正如他所言:"军事民主,在陕北蟠龙战役和晋察冀石家庄战役中,都实行了,收到了极大效果。证明只有好处,毫无害处。"

在平等的基础上,营造一种自由轻松的团队氛围是激励这种组织内学习有效手段。每个团队成员都有自己的特点,都有自身的长处,鼓励成员取长补短,互相学习,群策群力,团队目标的达成就有了更多的渠道。

行动指南

管理者要打造一个善于学习、群策群力的团队。

星期二
办好报纸

办好报纸,把报纸办得引人入胜,在报纸上正确地宣传党的方针政策,通过报纸加强党和群众的联系,这是党的工作中的一项不可小看的、有重大原则意义的问题。

——《对晋绥日报编辑人员的谈话》,1948 年

笔 记

企业办报是一种文化建设,也是一种团队建设。很多时候,企业的目标和任务进展信息对普通员工来说是缺失的。如果没有落实到纸面上,以及将随时更新的进展告示,文化的建设就容易流于空洞。

毛泽东注重宣传,其中,办报纸是重要手段。如他所言:"我们的报纸也要靠大家来办,靠全体人民群众来办,靠全党来办,而不能只靠少数人关起门来办。"这就涉及企业办报纸、办内刊的具体原则:企业报纸是所有人进行信息互通和养成特定文化的渠道,当然要群策群力,依靠团队的力量共同创造。

行动指南

办好一份企业报纸,就打造了一条高效的团队沟通渠道。

星期三
互通情报

党委各委员之间要把彼此知道的情况互相通知、互相交流。

——《党委会的工作方法》,1949 年

笔　记

　　毛泽东在团队指挥上有其独到之处,很重要的一个环节就是互通情报。因为团队要运作,就必须取得共同的语言,也就是在思想和行动上形成一致。

　　现代企业的团队架构中,需要管理者发挥威仪的一面,同时也需要管理者及时与员工进行有效沟通。这种沟通可能是几句简单的询问,也可能是一个轻松的玩笑。总之,这样的交流会让管理者与团队成员之间的距离感缩小,同时让团队的目标与文化更快成型。

　　最理想的团队氛围是各司其职,同时收放自如,成员之间,层级的概念被忽略,共同努力的精神被放大。这样的氛围,当然来自互相之间的有效沟通。

行动指南

　　管理者要增强与团队成员的沟通,保证团队内信息互通顺畅。

星期四
向下级请教

　　不懂得和不了解的东西要问下级,不要轻易表示赞成或反对。

　　　　　　　　　　　　　　　　——《党委会的工作方法》,1949 年

笔　记

　　毛泽东有个习惯,一些文件起草出来压下暂时不发,这是因为其中还有些问题没有弄清楚,需要先征求下级的意见。

　　一位成熟的管理者切不可强不知以为知,而是要"不耻下问",要善于倾听下属的意见。先做学生,然后再做先生;先向下属请教,然后再下命令。

　　管理者的这种低姿态不会影响自己的威信,而只会增加自己的可依赖性和真实感。管理者要作出正确决策,一定要吸取员工提出的正确意见,唯有如此,才能获得团队成员的拥护。当然,员工的意见,有正确的,也有不全面的,管理者要仔细分析,经过思考和衡量,再行决定。

行动指南

管理者要勇于向下级请教,听取正确的意见或建议。

星期五
讲清全局

共产党员在领导群众同敌人作斗争的时候,必须有照顾全局,照顾多数及和同盟者一道工作的观点。

——《中国共产党在民族战争中的地位》,1938 年

笔 记

管理者安排工作时要讲清目的和全局,而不是只告诉下属"该做什么"。有些管理者认为下属干好当前的工作就行了,没有必要了解事情的全局,因为自己才是整体调度者,这种观念是错误的。如果你的下属不了解事情的全局,他只能完全按照你的表面意图展开工作,不敢越雷池一步。

让员工了解事情的全局,并且了解其他员工对于全局的进展如何,这非常有利于工作效率的提高。了解了全局,下属就会明白做这些事情的原因,在一些细节上就会灵活处理。久而久之,员工会养成用联系的观点思考问题的习惯,并且会将自己的建议和想法告诉管理者。这样管理者不但多了一个更有战斗力的助手,员工的工作积极性也会提高。

行动指南

让成员了解团队的整体布局,可以使团队的运行更高效。

第四周　人治与法治

星期一
人治与法治

须制定一种较详细的党内法规,以统一各级领导机关的行动。

——《中国共产党在民族战争中的地位》,1938年

笔　记

毛泽东说:"谁破坏了这些纪律,谁就破坏了党的统一。经验证明:有些破坏纪律的人,是由于他们不懂得什么是党的纪律;有些明知故犯的人,例如张国焘,则利用许多党员的无知以售其奸。"这种观点正是引出"须制定一种较详细的党内法规"的原因。

企业也要在相对成熟的阶段转入规范化的法规运营。企业在规模尚小的时候,更适合的方式可能是依靠人治,因为完善、监督、执行管理的规范化流程需要很高的人力成本。而小企业在很多方面的工作都是不饱和的,如果过多地加大管理成本,这种管理又对企业的成长贡献不了足够的效益,因而需要人治。而转入成熟期的大企业,则要依靠规范的法规治理来进行团队运行的把控,管理成本已经有能力承担,并回报给企业更高的效益。

行动指南

人治与法治,取决于企业团队的成长阶段。

星期二
中层的推选

应当使士兵在必要时,有从士兵群众中推选他们相信的下级干部候选人员、以待上级委任的权利。在下级干部极端缺乏的时候,这种推选很有用处。但是这种推选不是普遍的推选,而是某些必要时的推选。

——《军队内部的民主运动》,1948 年

笔 记

在提拔干部这一问题上,毛泽东有深刻见解:推选干部,而且是特定条件的推选。事实上,在当代企业中,关于中层管理人员提拔也是一个敏感话题。大多数管理者,都容易犯下一个错误,就是将业务精英提拔为管理人员,带来的后果是害了能干的干将,也害了他未来的下属。

管理者应该做的事情,并不是简单依据人力资源管理的理论,也不是拍脑门式的提拔,而应当结合企业发展的具体情况,根据运营需要,以及普通员工的意见集合进行。唯有通过这种渠道选拔的中层管理人员,才是最适合企业发展的。

行动指南

推选中层管理人员,需要加上特定的条件:适合企业运营发展需要,受到员工首肯。

星期三
避免组织架构流于形式

事实证明,哪一个连的党代表较好,哪一个连就较健全,而连长在政治上却不易有这样大的作用。

——《井冈山的斗争》,1928 年

笔 记

毛泽东强调组织中要设立党代表,目的是将松散的团队凝结为聚合的、具有较强执行力的组织。

在很多当代中国企业中,组织构架多流于形式。比如,只强调纵向关系,忽视横向关系。事实上,二者都是团队运行必备的要素。纵向关系体现的是垂直化的领导关系,而横向关系体现的是团队内部的协调。还有一种常见误区是,只强调业务分工,漠视流程整合。具体而言就是在企业内设置了诸如"行政部"、"销售部"、"财务部"等业务部门,但是看不到这些部门之间的业务流程。

为了避免这种误区,管理者需要建立专门的监督体制,也就是企业内的"党代表制度"。成熟的企业为了确保工作流程的顺利实施,会设置负责企业总体计划实施的岗位和部门,这就是企业内的"党代表制度"。

行动指南

企业的组织架构要精巧,要具有严密的执行机制。

星期四
团队避免级别

无论在军队或在地方,党内民主都应是为着巩固纪律和增强战斗力,而不是削弱这种纪律和战斗力。

——《中国共产党在民族战争中的地位》,1938 年

笔 记

毛泽东厌恶官僚主义,在他看来,只有淡化级别的民主集中制才是削弱官僚主义、提高战斗力的最佳方法。

很多企业工作方式严重官僚化,没有真正意义的讨论和创新,开会等好像是

为了强调级别的存在,而不是为了解决问题。

企业需要团队,但是事实说明,员工不愿意加入那些徒有虚名的团队,因为上下级泾渭分明,只是形式化的存在,并不是真正的团队。

行动指南

管理者应尽量淡化层级,保持团队的创新活力。

星期五
思想决定执行力

我们主张积极的思想斗争,因为它是达到党内和革命团体内的团结使之利于战斗的武器。每个共产党员和革命分子,应该拿起这个武器。

——《反对自由主义》,1937 年

笔 记

对一个规模企业来说,企业的执行力往往决定着企业的生存和发展。企业的执行力表面上看是机制问题、流程问题、制度问题,而实际上是由组织问题带来的思想问题。

企业做大了,人多了,内部关系也就复杂了。在各种纵横交错的利益和非利益关系中,正确的决策和正确的执行,不再是企业主或老板一个人的事,也不再是一种单纯的思想,而是多种利益主导下的思想斗争。在这个阶段,思想建设的重要性就愈发突显。

行动指南

思想建设顺畅与否,决定了企业组织和执行力的强大与否。

如水之柔
——妥协的目标是前进

人生易老天难老，岁岁重阳。

——《采桑子·重阳》，1929 年

　　毛泽东是如此强大，却又如此机敏。当充斥党内的冒进主义甚嚣尘上时，他谨小慎微。事实上，他才是最有胆魄的革命理想主义者。懂得谋略，懂得方法论，懂得研究形势，懂得中国的秘密。这些懂得，令他的管理如同一江深水，随意而动，大道无形。

第一周　以退为进

星期一
以退为进

我们的让步、退守、防御或停顿，不论是向同盟者或向敌人，都是当作整个革命政策的一部分看的，是联系于总的革命路线而当作不可缺少的一环看的，是当作曲线运动的一个片断看的。一句话，是积极的。

——《统一战线中的独立自主问题》，1938 年

笔　记

毛泽东对待敌人从不畏惧，然而在"以退为进"这方面，他又有着水一般的谋略。水，看似柔弱，却有着无所不包的宽大。在毛泽东眼里，这种"战略退却的目的是为了保存军力，准备反攻。退却之所以必要，是因为处在强敌的进攻面前，若不退让一步，则必危及军力的保存"（《中国革命战争的战略问题》，1936 年）。

其言灼灼，对于冒进的管理者而言，实在应当好好学习毛泽东的如水之柔。在企业管理中，尤其是商业谈判时，更加需要这种妥协智慧。无论是与别的企业合作，还是对待自己的员工，咄咄逼人的管理者总是不会持久的。正因为企业的管理是一个持久的过程，因此面对种种形势，管理者要懂得暂时的让步，而不是一味猛冲。

行动指南

短期的退让，是为了长远的进步。

星期二
欲扬先抑

战胜蒋介石的作战方法，一般地是运动战，因此，若干地方，若干城市的暂时放弃，不但是不可避免的，而且是必要的。

——《以自卫战争粉碎蒋介石的进攻》，1946 年

笔 记

全面内战爆发时，面对敌强我弱的现实，毛泽东提出了不能为了攻城而攻城，也不能为了死守而死守，应当调动敌人，以歼灭敌人有生力量为目标。一座城池的得失，并不是我们的最终目的。为了对长远战局更有利，我们应主动放弃一些城市。这就是欲扬先抑的策略。

在现代商业竞争中，管理者也要善用哲学思辨，通过各种事实来考量分析，在防守与进攻之间作出明智选择。一时的放弃并不等于退却，而应看到更长远的未来，或者转而发现更具有发展潜力的领域，这才是企业获取更大成功的前提。

行动指南

将欲取之，必先予之。"予"是为了达到"取"的目的。

星期三
适时而变

在统治阶级政权的暂时稳定的时期和破裂的时期，割据地区对四围统治阶级必须采取不同的战略。

——《井冈山的斗争》，1928 年

必须向党员和农民说明，目前不是实行彻底的土地革命的时期，过去土地革命时期的一套办法不能适用于现在。

——《论政策》，1940年

笔　记

毛泽东倡导稳妥行事，但并不是僵化的固守，关键就在于从实际情况出发。

企业管理也是如此，尽管企业要保证常态之下的稳健，但当外部环境发生剧烈变革之际，管理者同样要改变自己的管理手段和模式。形势在发生微妙的变化，针对正在发生的具体问题，要具体分析。

有的管理者以宗旨为根基，认为无论何时都不能轻易改变宗旨，还将其看做"百年老店"的基本原理。事实上，真正存活下来的百年老店恰恰是最能适应外部环境的，它们的管理者在不同时期都能找到最适合宗旨的具体管理方法。

行动指南

管理者应"善变"，根据具体形势做出正确决策。

星期四
避开锋芒

进攻时反对冒险主义，防御时反对保守主义，转移时反对逃跑主义。

——《中国革命战争的战略问题》，1936年

笔　记

毛泽东对于迎着敌人的锋芒硬碰硬的"左"倾错误路线，一直持反对意见，他将这种错误概括为："防御中的保守主义，进攻中的冒险主义，退却中的逃跑主义"。毛泽东没有在会议中谈论政治问题，因为那是激进派的长处，而是"避其锋芒"，用事实来说话，最终赢得了党内的信任。

在现代企业的管理中,管理者也要避开锋芒,有时候这种锋芒是来自员工,有时是来自同伴,有时是来自市场。当管理者掌握了充分的事实论据之后,应当以事实来证明自己,从而赢得企业内外的认同。

行动指南

避其锋芒,以充分的事实证明自己的正确。

星期五
暂时的放弃

暂时放弃若干地方若干城市,是为了取得最后胜利,否则就不能取得最后胜利。

——《以自卫战争粉碎蒋介石的进攻》,1946 年

笔 记

中国共产党领导的革命战争,敌我力量对比悬殊,这决定了这场革命战争必然要走过一条复杂曲折的通向胜利之路。毛泽东认为,这种持久战的最大特点,就是"围剿"与"反围剿"、进攻与反攻的长期轮回。在这种反复中,强大的敌人大部分时候都会处于优势,而中国共产党领导的军队则处于被动。如何转化这种位置,毛泽东的办法是走"之"字形道路,也就是曲中有直,直中有曲,善解迂直之理。

企业的发展也是这样的过程,如果一家企业从创立到最终成功没走过一点弯路,没有因为形势而放弃过一点利益,这家企业只存在于想象中。事实上,很多企业正是因为不愿放弃一些短期利益,从而影响了长远利益。成功的管理者,懂得暂时放弃是为了获得更长远的发展。

行动指南

迂回是管理者以柔克刚的上策。

第二周　分清大小

弃小保大

关于丧失土地的问题，常有这样的情形，就是只有丧失才能不丧失……不在一部分人民家中一时地打烂些坛坛罐罐，就要使全体人民长期地打烂坛坛罐罐。

——《中国革命战争的战略问题》，1936年

笔　记

毛泽东曾无比精辟地论述过：存人失地，人地皆存；存地失人，人地皆失。在指导中国革命战争的历程中，他总是权衡利弊，将弃小保大作为军事决策的基本原则。

现代商业竞争中，企业取得成功的因素也有很多，不能因为外在的表面环节而放弃掉内在的竞争实质。比如对于企业而言，长远来看，最重要的可能并不是利润，而是价值；最核心的不是技术，而是具有不断创新能力的机制；最有战斗力的不是营销策略，而是始终围绕在企业愿景周围的团队。在面临几方面因素的冲突时，管理者要通过合理的手段，权衡利弊，弃小保大。

行动指南

管理者应权衡利弊，理性分析，以作出明智的抉择。

星期二
化整为零

游击战争的指挥原则,一方面反对绝对的集中主义,同时又反对绝对的分散主义,应该是战略的集中指挥和战役战斗的分散指挥。

——《抗日游击战争的战略问题》,1938 年

笔 记

化整为零,是毛泽东管理思想的核心之一。他曾这样说:灵活地使用兵力这件事,是战争指挥的中心任务,也是最不容易做好的。毛泽东反对将兵力囤积于一地,固防死守;也反对兵力过于分散,无法形成有效聚集。

在现代商业中,一部分管理者却往往喜欢大操大办,将企业搞得无限宏大,却由于体制建设不够灵活而僵死。另一部分管理者则将战线放得太长,结果导致企业没有核心竞争力。

行动指南

化整为零,是管理者必须精通的一门功课。

星期三
抓主要矛盾

研究任何过程,如果是存在着两个以上矛盾的复杂过程的话,就要用全力找出它的主要矛盾。捉住了这个主要矛盾,一切问题就迎刃而解了。

——《矛盾论》,1937 年

笔 记

作为伟大的军事家,毛泽东也是位军事辩证法大师。他认为,无论是政治斗

争，还是军事斗争，抑或在一般工作中，能否认识、掌握和抓住主要矛盾，是关系到能否制定正确的战略和策略的关键问题。

在现代企业管理中，也需要抓住商业活动的主要矛盾。比如在商业谈判中，一定要抓住对手的关键需求，对于其他条件可以退让，但对于核心问题则把握底线。

行动指南

管理者要懂得抓"大"放"小"，要抓住主要矛盾。

星期四
有限的亲力亲为

调查不但要自己当主席，适当地指挥调查会的到会人，而且要自己做记录，把调查的结果记下来。假手于人是不行的。

——《反对本本主义》，1930 年

笔 记

在管理中，我们常常陷入一种误区，认为管理者应当勤勤恳恳，事必躬亲。但实践却告诉我们，假若将所有事情都紧紧握在自己手中，不懂得抓大放小，结果往往事倍功半。

毛泽东要求部下亲力亲为，但很明显，他要求的是一种有限的亲力亲为。在调查活动中，管理者应充当"主席"角色，也就是组织者，通过组织群众，了解自己需要的信息，而在记录环节则亲自动手。

企业管理过程中，这种有限的亲力亲为更为重要。管理者的力量并非全部显示于事必躬亲的勤恳，有时候，这种任劳任怨的勤恳也许只说明这位管理者不善于组织他人协助自己达成所愿。明末崇祯皇帝就是很好的例子，这位堪称中国古代史中最勤政的皇帝未能挽救王朝于既倒，其中一个原因就是只顾自己亲力亲为并未得到部下的尽心协助，最终与王朝并陨。

行动指南

管理者应懂得有所为、有所不为，充分发挥组织的作用。

星期五
善于放手

只要上面善于提出任务，放手让下面自力更生，问题就解决了，而且能够更加完善地解决它。

——《论军队生产自给，兼论整风和生产两大运动的重要性》，1945年

笔 记

毛泽东在这篇文章中指出："如果上面不去这样做，而把一切事实上担负不起来的担子老是由自己担起来，不敢放手让下面去做……结果将是上下交困。"

善于放手，被证明是组织一切经济生活的有效手段。

最优秀的管理者，必定善于放手，让员工发挥才干，使员工在没有压力的环境中充分发挥潜力。美国通用汽车公司的创始人威廉·杜兰特治理公司的方式是高度集权，后来使公司岌岌可危。斯隆接管公司之后，积极进行分权，大胆地把一部分权力分授给助手，而把关键职权揽在自己手中，通过协调达到了权力的收放平衡，使危机中的通用公司重焕光彩。

行动指南

善于放权的管理者，才能充分发挥员工的创造力。

第三周　为与不为

弓弦不能拉得太紧

你们的缺点主要是把弓弦拉得太紧了。拉得太紧，弓弦就会断。

——《对晋绥日报编辑人员的谈话》，1948 年

笔　记

古人说："文武之道，一张一弛。"然而，这个"弛"，并不是松懈，而是在过紧和过松之间求得完美平衡。

通常情况下，管理者认为"舍得"的重点在于"舍"，事实上，恰恰相反，这个重点却在于"得"。成功的管理者如果想要企业和团队永续发展，就要时刻以一种牺牲的态度来对待世界。作为管理者，不能用鞭子去强迫员工前进，而是应让员工从自身出发，心甘情愿为企业付出，从而将团队带上正轨。

行动指南

适当地营造松紧适中的管理氛围，有利于团队成员的团结奋进。

效果如水

检验一个作家的主观愿望即其动机是否正确，是否善良，不是看他的宣言，而是看他的行为（主要是作品）在社会大众中产生的效果。

——《在延安文艺座谈会上的讲话》，1942 年

笔 记

如同毛泽东评判作家的标准一样,在企业管理中,评判管理是否合格,也应当以管理造成的效果为标准。

世上投资回报率最高的管理,那就是如水管理,也即以管理的效果为评判标准。因为只有重视管理的效果,然后作出相应调整,管理决策才不会白费。

管理者在管理决策作出之后,要积极跟进,与员工多角度沟通和互动,了解决策施行的效果。其中最关键问题在于,这种效果反馈应当是真实可靠的,而不是经过不同层级递送上来的虚假效果。对于真实的管理效果,如果是消极的,这项管理决策就要及时进行调整;如若是积极的,那么证明这种管理效果可以继续推行。

行动指南

管理的效果如同河水,只可顺流,不可逆流。

星期三
管理者的温润

去掉孤傲习气,善于和非党干部共事,真心诚意地帮助他们,用热烈的同志的态度对待他们,把他们的积极性组织到抗日和建国的伟大事业中去,这是每一个共产党员的责任。

——《中国共产党在民族战争中的地位》,1938 年

笔 记

毛泽东对于共产党的干部,有一个最根本的要求,就是去掉傲气。在现代企业中,企业家更要去掉傲气,保持温润之心。

近来为外界广泛关注的企业管理者中,既有黄光裕的突起与陨落、顾雏军被

捕前的泪流满面,也有刘虹步入资本之旅的深渊、万平于法庭之上的悲情陈述……这些为外界关注的管理者大多个性突出,此种个性,冥冥中让他们狂飙突进或者猛然下跌。事实证明,极端性格应当为成熟的管理者所隐忍。

这就要求管理者要懂得宽容与摆正心态,在日益规范化的商业环境中,那种一夜成名式的改革明星已经不是常态。社会需要的是更多的成熟管理者,一种懂得社会责任与稳健的管理策略的利国利民者。

行动指南

要做温润的管理者,培养企业家式的大度和气量。

星期四
管该管的事

初战的计划必须是全战役计划的有机的序幕。没有好的全战役计划,绝不能有真正好的第一仗。这就是说,即使初战打了一个胜仗,若这个仗不但不于全战役有利,反而有害时,则这个仗虽胜也只算败了。

——《中国革命战争的战略问题》,1936 年

笔 记

在毛泽东看来,一场单独的战役绝不是我们的终极目标,这场战役是否成功,应取决于整个战局目标。对于管理者而言,在短期内放弃一些东西,是为了长远的合理发展。在管理实践中,管理者也应该清楚自己的职责,明白什么该管、什么不该管。就好像打一场仗,如果不利于整体效果,就算打赢了也没用。

管理者要明白自己的职责,管该管的事情,对于权力分配也要深思熟虑。

行动指南

管理者要善用权力,让自己的决策发挥出最大效果。

星期五
有所为有所不为

我们的革命要有不领错路和一定成功的把握,不可不注意团结我们真正的朋友,以攻击我们的真正的敌人。我们要分辨真正的敌友,不可不将中国社会各阶级的经济地位及其对于革命的态度,作一个大概的分析。

——《中国社会各阶级的分析》,1925 年

笔 记

在革命中,所谓的有所为,就是要指引正确的方向;所谓有所不为,就是不舍弃真正的朋友。抗日战争时期,毛泽东在共产党部队内设立专门机构,负责收集敌军暴行,然后进行系统的舆论攻势;而在这些过程之中,绝不弄虚作假,恶意攻击。这就是有所为、有所不为的智慧。尽管要削弱敌人,但手段必须是正当的,唯有如此,才能保证自身的正义。

在现代管理学中,管理者要保持自己的正确道路,也要采用合法的行为方式,不能偏颇。管理者的行为既是面向外界的,更是面向内心的。

行动指南

企业的管理宣传,务必真实有效,切忌弄虚作假。

第四周　润物无声

稳　妥

其领导人民对敌斗争的策略,必须是利用一切可以利用的公开合法的法律、命令和社会习惯所许可的范围,从有理、有利、有节的观点出发,一步一步地和稳扎稳打地去进行,决不是大唤大叫和横冲直撞的办法所能成功的。

——《中国革命和中国共产党》,1939 年

笔　记

即便军事家也不是总以一往无前的姿态示人,更何况管理者不是军事家,更不是冒险家,管理不是一鼓作气的冲刺,管理的实质是建立秩序,因此冒险精神与常规管理背道而驰。然而,在现实中,很多管理者似乎为了凸显自己的勇气,往往将强硬和冲锋看得重于一切,却忽略了企业的运营要以稳妥为重。

出色的管理者,在管理实践中都具有稳妥行事的特征。对待员工与企业,以稳步推进为纲,最忌讳两种形式的激进——第一种是固守一种思维模式,即便在环境已经巨变之后仍然顽固地坚持,拒绝作出相应的变化,对试图改变的人激烈抵触;第二种则是沉迷于变革,认为不断地更新才是对秩序的完善。事实上,这两种方式都有失偏颇。

行动指南

对于企业管理而言,正常的状态应当是稳步发展。

星期二
不要性急

不要性急,应依环境、群众觉悟程度和领导干部强弱决定土地改革工作进行的速度。

——《新解放区土地改革要点》,1948 年

笔 记

毛泽东有一个著名的反问:怎么会有一帆风顺的事情呢?

确实如此,世界上没有什么事情可以一帆风顺,对于企业管理而言,同样如此。在企业的发展中,总会存在一些起伏,如果管理者急于成功,想让自己的企业如同滔天巨浪般不可阻挡,那无疑是不现实的。

管理者在管理实践中,最忌讳的就是性急。幻想一个目标在出台之后,马上就可以实现。这怎么可能?既然没有可能,那就要用耐心和稳健的策略,有时候甚至是退让和妥协,一步步地将企业引向成功。

行动指南

管理的大成者,都具有通过千百次磨砺中锤炼而成的耐性。

星期三
不能匆忙

不要忙于组织城市人民进行民主改革和生活改善的斗争。要等市政管理有了头绪,人心已经安定,经过周密调查,弄清情况和筹有妥善解决办法的时候,才可以按情况酌量处理。

——《再克洛阳后给洛阳前线指挥部的电报》,1948 年

笔 记

凡事有先后,匆忙与冒进"异曲同工",却有微小差别。前者是一种被动的激进,后者是主动的激进。匆忙往往是由于形势所迫,管理者不得不仓皇应对。然而,正如毛泽东所说,"打扫干净屋子再请客",很多事情要等到时机成熟,做好准备再进行。

企业管理中,不能因为别的企业都在上马某个项目,自己也要跟风。这就是一种匆忙的表现。过于激进的决策不仅在实施上不现实,即便强行推进,效果往往适得其反。管理是一种循序渐进的过程,在处理外界对企业带来的各种影响时,要善于抓主要矛盾,分清先后次序,做好准备再出手。

行动指南

指令的发出,不能匆忙,要做到先后有序,职责分明。

星期四
积极"拖延"

我之方针是继续过去办法,同敌在现地区再周旋一时期(一个月左右),目的在使敌达到十分疲劳和十分缺粮之程度,然后寻机歼击之。

——《关于西北战场的作战方针》,1947 年

笔 记

毛泽东认为,当我方处于不利境遇时,就应当充分利用战局,损耗敌人的元气,也就是一种积极的"拖延"。通过这种拖延,让敌人孤军深入,消耗敌人的战斗力,从而为我方的反攻准备足够的条件。

在商业谈判中,这种积极"拖延"的管理手段同样是一门艺术。处于弱小位置的企业管理者,在遇到实力雄厚的对手时,不妨采用拖延战术。既然对方有意

谈判,我方必有别人没有的优势,把握住这种优势,避实就虚,不轻易表明自己的意愿,通过拖延,让对方陷入被动。

行动指南

拖延战术,考验的是管理者的心理底线。

星期五
不要急于发表意见

有许多人,"下车伊始",就哇喇哇喇地发议论,提意见,这也批评,那也指责,其实这种人十个有十个要失败。因为这种议论或批评,没有经过周密调查,不过是无知妄说。

——《〈农村调查〉的序言和跋》,1941 年

笔 记

正如毛泽东所说,不经过观察与思考就发表自己的看法,是缺乏智慧的表现。然而在实际工作中,很多管理者都有这样的做法,往往不问青红皂白,看到一个问题就乱指挥,乱发表意见。

这样做的最大弊病就是使局面更加混乱。因为员工处于弱势,对管理者的意见需要保持执行力,然而不符合实际的指令只会令局面更糟。

行动指南

凡事不要急于发表意见,调查清楚以后再作定夺。

九月

论道管理
——运用什么语言说服别人

问苍茫大地,谁主沉浮?

——《沁园春·长沙》,1925 年

毛泽东的语言,明白晓畅、铿锵有力、幽默生动、气势恢宏……而这些语言的背后,是他始终站在别人看不到的高度,领略到的山外之景。

第一周　感染力

避敌锋芒

敌进我退，敌驻我扰，敌疲我打，敌退我追。

——《星星之火，可以燎原》，1930 年

笔　记

毛泽东引导中国革命走向胜利的经验告诉我们，在和强大的对手较量时，自身实力是关键因素。在当代商业竞争中，在同实力强大的大企业竞争时，如果没有实力或者实力不够，就要避免和他们产生正面交锋。

中小企业要学习毛泽东这种铿锵有力的表达方式，在和大企业竞争时，避其锋芒。因此，在竞争中，小企业面对强大对手的进攻，自己要选择合理的退让，在退让的过程中发挥游击战的要领，等待时机转而进入反攻。如此反复，在鲜明的策略中获得成长。

行动指南

管理者应理性衡量自身实力，采取正确的策略同实力强大的对手竞争。

利他主义

我们的共产党和共产党所领导的八路军、新四军，是革命的队伍。我们这个队伍完全是为着解放人民的，是彻底地为人民的利益工作的。

——《为人民服务》，1944 年

笔 记

毛泽东最著名的思想口号是"为人民服务"。这体现了他智慧的一面:他通过这种具有强大向心力的语录证明了中国共产党行为的合理性——在革命历程中,中国共产党所做的一切都是出于人民群众的利益。这种"利他主义"的高超之处,在于让跟随者能随时体会到领导阶层的真诚和为人为己奋斗的快乐。

在当代企业的管理中,相当一部分管理者似乎并不认同这一点,在大部分企业中,管理者与员工的收入差距悬殊。在这样的实际情况下,员工又如何能心平气和地以相对平等的心态与管理者共事?

行动指南

管理者要让他人信服,首先要让他人感受到信任和诚意。

星期三
口号要简明

就是要利用各种机会,把上述那些简单的口号,内容渐渐充实,意义渐渐明了起来。

——《湖南农民运动考察报告》,1927 年

笔 记

遵义会议确立了毛泽东在党中央的地位,他终于拥有了发言权。而当时正值中国的民族危机进一步加深,同时这种矛盾又为毛泽东争取尽可能多的不同力量提供了机会。毛泽东在争取各种力量的时候,喜欢用简明的口号。早在1927 年,他就认识到,口号要简单,内容要充实。

企业也要做到这一点,管理者在作出各种口号宣示的时候,应当准确把握对象的利益所在和思维模式,在管理实践中,团结一切有可能团结的力量。

成功的管理口号,应简明直白却又饱含深义。

星期四
引人入胜的开局

一国之内,在四围白色政权的包围中,有一小块或若干小块红色政权的区域长期地存在,这是世界各国从来没有的事。这种奇事的发生,有其独特的原因。而其存在和发展,亦必有相当的条件。

——《中国的红色政权为什么能够存在》,1928 年

笔 记

要说服别人,语言的运用是一方面,讲话的立意是另一方面。很显然,立意更加重要。在毛泽东的讲话和文章中,往往一开篇就提出一个问题,或者设置一个悬念。这样的开篇方法,瞬间将听众的关注点调动起来,并且这个悬念是涉及每个人的切身利益和民心所向的。

这就是毛泽东的过人之处,革命的形势很复杂,但是他总能通过设置一个个疑问,然后给出清晰的答案,将复杂的局面简单化。企业的管理者也需要注意运用这种开宗明义的演讲技巧,但是要讲究开篇策略。一方面要开门见山,另一方面要具有足够的吸引力,在事实基础上提出问题,在之后的论述中再给出分析和答案。

行动指南

演讲要注意设置悬念,再给出分析和答案。

星期五
赋予语言以感情

让那些内外反动派在我们面前发抖罢,让他们去说我们这也不行那也不行罢,中国人民的不屈不挠的努力必将稳步地达到自己的目的。

——《中国人民站起来了》,1949年

笔　记

毛泽东的语言富于感染力,除了运用生动风趣和强有力的反问等修辞方式之外,这还与毛泽东超强的个人感情色彩有很大的关系。

在革命过程中,他不时都会发出充满豪情和鼓舞力的声音,听者在这种饱含感情的语言中自然感同身受,充满动力。

当代企业管理中,也要求管理者善于用充满感情的语言去鼓舞员工,激励他们在企业的目标指引下不断向前。

行动指南

激昂的感情色彩令演说具有生动的渲染力。

会讲故事

嘴里天天说"唤起民众",民众起来了又害怕得要死,这和叶公好龙有什么两样!

——《湖南农民运动考察报告》,1927 年

笔　记

　　毛泽东是一位会讲故事的管理者。他善于运用故事,也喜欢用故事来阐明立场,因此毛泽东的文章和演说,在革命年代几乎能吸引所有民众认真听取,妙语连珠的论述和生动的故事,对于身处混沌不明方向的民众来说具有极大的吸引力。

　　当代企业的管理者们,也应当锻炼自己讲故事的能力。在学习的过程中,勤于思考,勤于总结。在遇到一个好的故事时,能引申出对于企业管理有益的道理。

行动指南

　　会讲故事的管理者,是一个充满魅力的管理者。

懂得幽默

　　司徒雷登大使老爷却坐着不动,睁起眼睛看着,希望开设新店,捞一把。司徒雷登看见了什么呢?除了看见人民解放军一队一队地走过……之外,他还看见了一种现象,就是中国的自由主义者或民主个人主义者们也大群地和工农兵

学生等人一道喊口号,讲革命。总之是没有人去理他,使得他"茕茕子立,形影相吊",没有什么事做了,只好挟起皮包走路。

——《别了,司徒雷登》,1949 年

笔 记

毛泽东的这段引语生动形象,幽默而不无辛辣地将美国大使司徒雷登那种沮丧、失望又不得怏怏离去的颓唐刻画得栩栩传神,一种画面感跃然纸上。

这是毛泽东语言的一个特点,懂得幽默,充满诙谐与讽刺。企业管理者也要学习这种方法,在同客户和员工交谈时,这种幽默要使人们会心一笑;在指向对手的恶意竞争时,这种幽默又要令人在忍俊不禁之下,体会到辛辣的讽刺。

行动指南

风趣幽默的语言总是充满了感染力。

星期三
层次分明

可知一切勾结帝国主义的军阀、官僚、买办阶级、大地主阶级以及附属于他们的一部分反动知识界,是我们的敌人。工业无产阶级是我们革命的领导力量。一切半无产阶级、小资产阶级,是我们最接近的朋友。那动摇不定的中产阶级,其右翼可能是我们的敌人,其左翼可能是我们的朋友——但我们要时常提防他们,不要让他们扰乱了我们的阵线。

——《中国社会各阶级的分析》,1925 年

笔 记

毛泽东在占有详细资料的基础上对中国社会的各个阶级作了精确分析,他深入思考和观察各个阶级的利益所在,然后结合中国共产党的追求目标,将其分

为这样几类。接着,又有针对性地提出对待每一类人的方针。

尽管这种实证方法并不完全适用于复杂多样的人类社会,但在大体上却有着一定道理,尤其是在庞杂的形势下,如此层次分明的分类法,让中国共产党认清了努力的方向。

管理者也应学习这种分析方法,详细分析企业发展所遇到的各种问题,基于事实,理性思考,作出正确决策。

行动指南

材料充分、层次分明是管理者作出理性决策的基础。

星期四
制造紧迫感

所谓割据,必须是武装的。哪一处没有武装,或者武装不够,或者对付敌人的策略错了,地方就立即被敌人占去了。这种斗争,一天比一天激烈,问题也就非常地繁复和严重。

——《井冈山的斗争》,1928 年

笔 记

我们常说"时不我待",在激励员工完成某个目标的时候,要善于营造这种紧迫的氛围。毛泽东是一位给予部下无限信心的领袖,但他同样也是一位善于让部下快速行动的大师。

在日常的企业运营管理中,要围绕团队目标制造紧迫感,在言语表达上,通过分析所处形势,将问题的严重性摆出来。将问题严重性与员工的切身利益和团队目标相结合,激励员工,令团队信服。

行动指南

制造紧迫感,也是一种有效的激励方式。

星期五
大众化的语言

洋八股必须废止,空洞抽象的调头必须少唱,教条主义必须休息,而代之以新鲜活泼的、为中国老百姓所喜闻乐见的中国作风和中国气派。

——《中国共产党在民族战争中的地位》,1938 年

笔 记

毛泽东的语言具有大众化特点,通俗点来说,甚至有点"土气"。但这是他非常重视的一方面。他说:"学习我们的历史遗产,用马克思主义的方法给以批判的总结,是我们学习的另一任务。我们这个民族有数千年的历史,有它的特点,有它的许多珍贵品。对于这些,我们还是小学生。"

现代中国企业的管理者,要面对的是千百年以来最大的变革时代,面对的是全民思想的开化,面对的是前所未有的国际化战略竞争。在这样的情况下,大多数形势都在发生变化,唯有我们代代沿袭的历史不会改变,我们的民众构成和很大一部分传统思维没有改变。

改变是一个过程,在这一过程中,为了更好地因势利导,我们必须学习大众化的语言。管理者要学习民众流行的语言,要了解他们,研究他们,放低身段,做一个小学生。

行动指南

管理者应善于运用通俗的语言进行交流。

星期一
请古人帮忙

我们还要学习古人语言中有生命的东西。

——《反对党八股》,1942 年

笔 记

除了向广大民众学习,学习他们的思维和表达,还要在必要的时候"找古人帮忙"。我们既要学习现实的一面,更要学习历史的一面。

在一些著名的文章和讲话中,毛泽东大量地运用古语以及俗语。这正是因为约定俗成的古语是传统文化在语言上积淀而成的精华,那些通俗而饱含意味的语言,在管理者的论述中能起到画龙点睛的作用。

学会应用古语,借用古人总结的经验来指导现实,是当代企业管理者要学习的一个重要方面。在学习的过程中,要"坚决反对去用已经死了的语汇和典故,这是确定了的,但是好的仍然有用的东西还是应该继承"。

行动指南

约定俗成的古语,能增强语言的说服力。

星期二
排比句增强气势

"知无不言,言无不尽","言者无罪,闻者足戒","有则改之,无则加勉"

——《论联合政府》,1945 年

笔 记

毛泽东的这三组格言,气势相当,有一种逻辑上的递进。运用这种排比句式,让他的文章和演说气势十足,也更易让人们信服。毛泽东擅用成语,更擅长排比句式。这种运用让他的演说和文章气度非凡,无可辩驳。

在企业管理中,管理者的水平高低,有时候在演说能力上就立见分晓。一位出口成章的管理者比说了半天却无法表达清楚中心思想的人更容易令人信服。

行动指南

管理者语言的气势,来源于排比加强。

星期三
坏词好用

今年三月一日蒋介石说过:共产党交出军队,才有合法地位。蒋介石的这句话,现在还适用。我们没有交出军队,所以没有合法地位,我们是"无法无天"。

——《抗日战争胜利后的时局和我们的方针》,1945 年

笔 记

毛泽东还擅长运用反语。例如,"无法无天",这是一个贬义性的成语,但毛泽东在讲到共产党的部队拒不接受国民党一党专政的反动限制和束缚时,却借

用这个成语,来说明共产党队伍的"无法无天"。在这里,"无法无天"显然是褒义,表达的是共产党人破除反动专政的大无畏精神。

企业管理者也要善用这种逆向思维,在论述一些问题的时候,需要打破常规,运用既定思维中认为不好或者反面的词汇,用以加强自身的突破性,给听众留下深刻的印象。

行动指南

逆向思维,能迅速吸引听众的注意力。

星期四
俗语变通

抗日将军们要有这样的坚定性,才算是勇敢而明智的将军。那些"一触即跳"的人们,是不足以语此的。

——《论持久战》,1938 年

笔 记

毛泽东很多文章中都有这种"俗语变通"的仿用。例如,毛泽东将"一触即发"这个成语进行变通,改为"一触即跳",表达的是遇事鲁莽,容易被敌人激怒,不考虑后果的鲁莽军人。

管理者要学习这种俗语变通的演说技巧,通过将大家耳熟能详的语言进行变通,赋予其全新的含义,这可以令管理者对于问题的描述更加生动,更加有说服力。

行动指南

变通地运用俗语,能赋予语言以全新的力量。

星期五

机智地反驳

你那个话我很赞成，但是蒋委员长要管饭，他不管我们的饭，我不另起炉灶怎么办？

——《在省市自治区党委书记会议上的讲话》，1957 年

笔 记

毛泽东的反驳技巧非比寻常。他最常用的一种反驳就是"归谬法"。他经常"将计就计"，陷敌人于被动。

当时的情况是，国民党通过报纸刊文，要求共产党"不要另起炉灶"，实质上是为了维持蒋介石政府的专制独裁。于是在重庆谈判时，毛泽东就讲了这番话。他并未针锋相对地反驳，而是将对手的观点归为"正确"，然后顺着思路，提出了自己的条件。这个条件显然是对手无法达成的，于是我方的立场也自然就成为正确的。

在企业管理中，管理者有时也需要这种"归谬法"，将对手的条件假定成正确的，然后通过顺势思路，引出我方的观点，自然将对方的谬误公之于众。这种机智而温和的反驳，事实上比面红耳赤的正面驳斥更有大将风度，也更能赢得人们的支持。

行动指南

有智慧的反驳更能给对手以杀伤。

星期一
形象的说明

蒋介石蹲在山上一担水也不挑，现在他却把手伸得老长老长地要摘桃子。他说，此桃子的所有权属于我蒋介石，我是地主，你们是农奴，我不准你们摘。

——《抗日战争胜利后的时局和我们的方针》，1945 年

笔 记

如果单纯地抛出一个观点，再详细论述，可能在原理上无可挑剔，然而在感染听者方面却不见得有良好效果。借用形象的例子来佐证，则既使人迅速理解，又令人印象深刻。

这种形象的举例，在伟大领袖毛泽东的文章和演说中也屡见不鲜。运用这种方法的好处，在于令受众对其观点过目不忘。企业的管理者也要善于借用形象化的例子来说明问题，这要求管理者不仅要深刻理解问题的本原，还要通过自己的诠释让听者为之叹服。

行动指南

管理者应善于用形象举例的方法，令听众加深对讲话的印象。

星期二
敢于表达观点

我们必须坚持真理，而真理必须旗帜鲜明。我们共产党人从来认为隐瞒自

己的观点是可耻的。

——《对晋绥日报编辑人员的谈话》,1948 年

笔 记

毛泽东是中国共产党的伟大导师。但凡读过毛泽东的文章,看过其讲话稿的人,无不为其语言的大胆和明白晓畅、通俗易懂而赞叹,根本原因就是他具有无比的勇气,敢于宣传和坚持自己的立场,善于通过文字和语言表达自己的思想观念。

企业管理亦如是,对于混沌的商海,企业管理者要认定自己企业的发展方向,因为这是经过实践和内部讨论得出的最适合的目标。在此基础上,管理者要勇于表达自己的观点,无论面对的是多么高深的理论家,都要将自身最真切的发展理念摆在桌上,用晓畅的语言和鲜明的旗帜坚守心中的明灯。

行动指南

管理者应观点鲜明,论点精到,敢于宣扬和坚持自己的立场。

星期三
诘 问

以中国最广大人民的最大利益为出发点的中国共产党人,相信自己的事业是完全合乎正义的,不惜牺牲自己个人的一切,随时准备拿出自己的生命去殉我们的事业,难道还有什么不适合人民需要的思想、观点、意见、办法,舍不得丢掉的吗?

——《论联合政府》,1945 年

笔 记

在这段话中,毛泽东提出了一个问题,但这个问题很显然不需要回答,因为结果早已在表述中清晰呈现了。之所以用提问的方式,正在于诘问具有很强的警示作用。

当代企业管理者对于自己从实践得来的结果,也可以通过强化的诘问去说服听众。很多问题,其实并不是真正的问题,而是作为一种表达观点的手段。人们在置身于对方充满说服力的诘问中,往往会无言以对,因为诘问本身就是问题的解决方案。

行动指南

管理者应善用诘问,令对方哑口无言。

星期四
意味深长

帝国主义的侵略打破了中国人学西方的迷梦。很奇怪,为什么先生老是侵略学生呢?

——《论人民民主专政》,1949 年

笔 记

这段话意味深长。其中的"先生"是指西方帝国主义者,"学生"指代中国。中国人在近代陷入了"西学中用"的思维,在历史研究者费正清看来,这种逻辑是真诚的,但缺乏体制的保障,不可能取得成效。

毛泽东在文中也表达了同样的道理,但他采用的是一种意味深长的表达方式。他用一个看起来很天真的疑问,将帝国主义者的无耻和中国盲目学习西方却不反思自身的毛病一举戳穿。

在企业管理中,管理者也应当善于运用这种意味深长的表达。很多问题,并不是简单的正面说教能解决的,而需要通过类似于反问的方式让听者恍然醒悟,通过换位思考激发听者的逻辑思考能力,同时也让演说变得更有力量。

行动指南

最富说服效果的语言之一是意味深长的语言。

星期五

善用比喻

国民党死硬派……坚决地反对人民……横行霸道，因而把自己孤立在宝塔的尖顶上，而且至死也不悔悟。

——《国民党反动派由"呼吁和平"变为呼吁战争》，1949 年

笔 记

毛泽东这段话中，"宝塔的尖顶上"是个巧妙的比喻。这种比喻生动形象，可让听者产生强烈的画面感。

在企业管理的过程中，管理者也要善用比喻。通过形象生动的比喻，将企业面临的问题和发展方向深刻地展现眼前。通过这种比喻，能够使员工更简单、更真切地领会管理者的用意，也才能焕发出与之相匹配的工作能量。

行动指南

巧用比喻，可使事情更加生动形象。

学今习古
——管理者要保持学习的姿态

共产党员又应成为学习的模范,他们每天都是民众的教师,但又每天都是民众的学生。

——《中国共产党在民族战争中的地位》,1938 年

毛泽东的一生是战斗的一生,也是不断学习的一生。他对书本的热爱,与他对群众的热爱同样重要。而这两样,是他所有知识的主要来源。

第一周　学习的对象与态度

星期一
在实践中学习

读书是学习,使用也是学习,而且是更重要的学习。从战争学习战争——这是我们的主要方法。没有进学校机会的人,仍然可以学习战争,就是从战争中学习。

——《中国革命战争的战略问题》,1936 年

笔　记

最好的学习来自何处?答案是实践。毛泽东认为人的才学不仅仅来源于书本,正确的学习方法应该是"从天下国家万事万物而学之"。应专注于"调查研究"、"实践出真知"、"开门办学"等。

现代中国的企业管理者们,也应继承这种学习的方法,一方面从书本中获得管理理论,更重要的一方面是在管理实践中不断学习,在摸索中逐渐找到最适宜企业成长轨迹的管理经验。唯有如此,企业管理者的学习大任才是完满的,才是符合企业需要的。

行动指南

在实践中学习管理,才能找到最适宜企业发展的模式。

星期二
向古人学习

一切带原则性的军事规律，或军事理论，都是前人或今人做的关于过去战争经验的总结。这些过去的战争所留给我们的血的教训，应该着重地学习它。

——《中国革命战争的战略问题》，1936 年

笔 记

毛泽东最大的嗜好之一就是阅读中国古代历史。谈论历史也是他最大的一个乐趣。其原因正在于他能从古人那里学习到中国数千年来成败得失的经验。

现代中国深受历史和传统文化的影响，身处这样的国家与时代，企业管理者当然也要学习历史。每个朝代的历史各不相同，道出的秘密也不相同。企业管理者一定要从历史中得出对于现实的指导性意见，将历史的经验与当下的现实结合，在企业管理中运用这些宝贵的历史财富，更稳妥、全面地实现企业的目标。

行动指南

聪明的管理者善于从历史中汲取有益的经验教训。

星期三
向他人学习

外来干部和本地干部各有长处，也各有短处，必须互相取长补短，才能有进步。

——《整顿党的作风》，1942 年

笔 记

毛泽东所说的干部之间"取长补短"，实质上就是学习型组织的概念。

管理理论界始终在进行有关学习型组织的探索,这种诞生于现代商业环境的组织以系统思考为核心,融合了自我跨越、改善思考模式、建立团队愿景、组织学习、系统思维等几项修炼。在当今商业世界中,一大批国际企业,诸如壳牌石油、通用电气都尽力打造学习型组织,也就是在团队内部,取长补短,互通有无。

这种学习型组织事实上并不新鲜,然而,企业要真正建立这样的组织,绝非易事。首先管理者要认识自身的局限性;其次,要建立合适的团队模型,让团队成员充分共享信息,成为真正的学习型团队。

行动指南

创建学习型团队可以大大提高团队的行动力。

星期四
该老实的一定要老实

科学是老老实实的学问,任何一点调皮都是不行的。

——《改造我们的学习》,1941 年

笔 记

毛泽东虽然有浪漫狂放的一面,但更多的却是踏实严谨的革命态度。在毛泽东提出的诸多论点中,关于科学和做学问的态度非常鲜明,就是要脚踏实地,来不得半点虚假。在对待工作和处世的态度上,他一直保持着高度认真和务实的态度。

在一个企业中,如果只关注毛泽东进取的智慧,而忽略掉他务实的一面,是非常危险的。很多崇尚毛泽东管理谋略的企业家,由于将他狂放进取的谋略过度使用而忘记了务实的态度,最终导致企业被拖垮,陷入困境——史玉柱、唐万新、黄光裕、李途纯……他们都曾经因激进的扩张策略声名卓著,最终也都误入歧途。史玉柱后来东山再起,就变得务实而有度,企业的战略管理也变得明智了许多。

成熟的管理者应是踏实稳重的。

星期五
在过程中发生转变

当执行某一计划时，从开始执行起，到战局终结止，这是又一个认识情况的过程，即实行的过程。此时，第一个过程中的东西是否符合于实况，需要重新加以检查。如果计划和情况不符合，或者不完全符合，就必须依照新的认识，构成新的判断，定下新的决心，把已定计划加以改变，使之适合于新的情况。部分地改变的事差不多每一作战都是有的，全部地改变的事也是间或有的。鲁莽家不知改变，或不愿改变，只是一味盲干，结果又非碰壁不可。

——《中国革命战争的战略问题》，1936年

笔 记

毛泽东认为，战争一方面是两军力量的竞赛，另外一方面也是作战方针、计划和指挥员学习能力的竞赛。他曾说"指挥员的正确的部署来源于正确的决心，正确的决心来源于正确的判断，正确的判断来源于周到的和必要的侦察"。然而，战场是千变万化的，优秀的指挥员必须根据不同情况作出不同的调整，正所谓"在过程中发生转变"，就是保持对战场的学习态度。

企业的管理者在制定管理计划时，不仅要能够抓住战略全局，通过多方学习与考察，而且要善于发挥管理者集体决策的作用，充分吸取各方面意见，使得管理计划不断完善。在发现计划不适应于实际状况时，管理者要虚怀若谷，善于听取意见，同时对计划作出修订，以保证企业长远目标的实现。

行动指南

在过程中虚心听取意见，修正策略的偏向。

第二周　学习什么

星期一

学习文化

我们的工农干部要学理论,必须首先学文化。

——《整顿党的作风》,1942 年

笔　记

没有文化的企业是可怕的,在体制不健全的年代,光凭勇气与魄力可以让企业一夜成名;然而待到时机变换,体制健全之后,狂奔突进的魄力便不足以带领企业继续前进。

毛泽东在这方面有精到的见解,事实上,整个中国革命能够取得成功,中国共产党对于人的改造是非常关键的因素。在乱流奔袭的世道中,中国共产党高举理想主义大旗,用文化改造人的学习能力,给他们灌输马克思列宁主义思想,让队伍充满了不竭的战斗力。

行动指南

管理者只有保持读书和学习的习惯,才能不被时代所抛弃。

星期二

学习语言

为什么语言要学,并且要用很大的气力去学呢? 因为语言这东西,不是随便可以学好的,非下苦功不可。

——《反对党八股》,1942 年

　　毛泽东是一位语言大师,他强调,第一要向群众学习语言;第二要向国外的语言学习;第三要学习中国古人的一些语言。

　　对于企业的管理者而言,语言的学习更加重要。因为管理者的重要职责之一就是表达:各种决策的表达,各种意图的表达,企业理念的表达,都需要管理者具备高超的语言技巧。如果在表达上出现偏差,或者不适应于普通员工的理解水平,那这位管理者就无法让员工达到自己预期的合作水准。因此,企业的管理者要通过多种渠道、多种层面,积累自己的语言,训练自己的表达能力。

行动指南

　　管理者要注意从多种渠道学习生动贴切的语言。

星期三
学习经验

　　你们对于一九三三年制订的《怎样分析农村阶级》的小册子,就看不大懂;这一点,农民比你们强,只要给他们一说就都懂得了。

——《对晋绥日报编辑人员的谈话》,1948 年

笔 记

　　如果一位基层管理者不能充分了解员工情绪,只会一味地向他们提出要求,那么就可能沾染上可恶的官僚主义作风。毛泽东对于这种现象深恶痛绝,他研究得出,产生这种问题的原因是管理者不善于向基层的群众学习。

　　管理者如果不善于向员工学习,将员工在基层积累起来的宝贵经验变成自己的,他就无法将员工有效组织起来,继而为企业的明天共同奋斗。管理者必须

抱着诚恳的态度,将一线员工的实际工作当成一种课程,向他们学习,将别人的经验变成自己的。

行动指南

管理者要善于向基层员工学习,充分发挥集体的力量。

星期四

学习制度

县、区、乡各级民众政权是普遍地组织了,但是名不副实。许多地方无所谓工农兵代表会……一些地方有了代表会,亦仅认为是对执行委员会的临时选举机关;选举完毕,大权揽于委员会,代表会再不谈起。

——《井冈山的斗争》,1928 年

笔 记

毛泽东认为,对制度的探讨和学习不是一蹴而就的,而是一个循序渐进的过程。管理者在探索最适宜企业的制度时,也是一个不断学习的过程。在理论和实践两方面都要不断学习。其中一个重要的方面就是制度的学习。如果没有好的制度,真正做事的人得不到合理的回报,而钻制度空子的人却春风得意,这对于企业的健康发展是不利的。对于一家拥有众多员工的企业而言,这种制度探索显得尤为重要,企业规模不断扩大,各种利益纷争绝不是一个人就能调节过来的,必须依靠制度。

行动指南

要善于从别处学习制度,建立符合企业实际的制度。

星期五
学习创新

党开辟了人民政权的道路，因此也就学会了治国安民的艺术。党创造了坚强的武装部队，因此也就学会了战争的艺术。

——《〈共产党人〉发刊词》，1939 年

笔 记

依靠人民群众与掌握武装力量，是中国共产党在革命过程中总结出的两条重要经验。而这两条经验的得来，一方面是由于共产党对理论的学习；另一方面是由于开创了最适合中国革命现状的道路。在学习中创造，在创造中学习，这就是创造与学习的关系。

企业的风格也是如此，只有自己结合实践开创的，才是属于自己的风格，模仿和复制不一定能取得想要效果。

行动指南

善于创新、打造自己的独特风格。

第三周　学习的目的

星期一
学习是为了创造

我们能够学会我们原来不懂的东西。我们不但善于破坏一个旧世界，我们还将善于建设一个新世界。

——《在中国共产党第七届中央委员会第二次全体会议上的报告》，1949年

笔　记

毛泽东一生的所有理论和实践活动，总体而言，就是通过有效的学习，解决中国共产党面临的各种社会矛盾。为了解决这些矛盾，他通过对理论和现实的学习，创造出一整套路线、方针、政策。

当代企业的管理者们，无论是学习国内企业的成功案例，还是学习国外企业的升腾之路，都是为了一个目的，那就是创造出真正适合于自己的成功之道。唯有抱着这样的学习态度，才能在波诡云谲的现代商业社会中，打造出全新有效的商业之道。

行动指南

所有理论学习，都是为了指导实践，创造全新的局面。

星期二
理论指导实践

如果没有革命理论，没有历史知识，没有对于实际运动的深刻的了解，要取

得胜利是不可能的。

——《中国共产党在民族战争中的地位》，1938 年

笔　记

　　毛泽东非常注重理论学习。早在延安的时候，他就时常在窑洞中组织干部举行读书会。刚开始时，人数较少，慢慢发展到几十人，最后，这种通过读书交流理论知识的形式一直保持了下来。

　　而且，学习理论的目的是为了应用于实践，如果为了学习而学习，结果也是没有意义的。在早期中国共产党的领导集体中，王明对于马克思列宁主义理论显然比毛泽东更熟悉。然而，王明只是机械地运用革命导师的词句，却不懂得结合中国的实际情况。与王明之类的留苏学生相比，"毛泽东的优势在于他对中国的形势了如指掌，有结合中国的实际情况灵活贯彻当时莫斯科'路线'的能力"。

行动指南

　　管理者要善于学习理论，并应用于实际。

星期三

有文化才有战斗力

没有文化的军队是愚蠢的军队，而愚蠢的军队是不能战胜敌人的。

——《文化工作中的统一战线》，1944 年

笔　记

　　管理学大师德鲁克认为："一个没有文化的企业是愚蠢的企业，而愚蠢的企业是不可以赢得客户的。"军队要有文化，企业同样要有文化。

　　一家富于远见的企业，是不拒绝学习的企业。就比如中国房地产企业的龙头万科，这家企业的可贵之处就在不拒绝学习。为了专心搞房地产，万科曾经转

让了旗下的其他资产,一次转让过程中,收购方的合同文本有厚厚一摞。王石看在眼里,记在心里,他仔细观察了这份合同文本,发现其中规定非常细致,杜绝了一切收购过程中可能出现的问题。而当初万科在引入这笔资产的时候,合同只有薄薄几页纸。之后的管理中,王石就要求自己的企业,也要学习这种精益求精、严谨的企业文化。

行动指南

培养一种良好的企业文化,有助于企业战斗力的提高。

星期四
自我完善

有些人组织上进了党,思想上还没有通,甚至有些老干部跟我们的语言也不一致。
——《在省市自治区党委书记会议上的讲话》,1957 年

笔 记

毛泽东注重对革命同志进行思想学习上的完善。一方面,组织上的加入只是形式;更深的方面,要在思想上和表达上认同组织的理念,从而在内心深处进行自我完善,成为合格的组织成员。

在企业管理中,要使员工适合组织,必须让员工在组织和思想上都具备合格的品质。具体的做法就是通过设定种种合理的制度,让员工在不断学习中自我完善。企业的制度建设和管理模式中,也要设立多种途径,令管理者和员工都能自我学习,不断完善。

行动指南

管理者在确立企业的目标之后,要通过多种途径促使自身和团队成员的自我完善。

星期五

超越才是学习的目的

任何国家的共产党,任何国家的思想家,都要创造新的理论,写出新的著作,产生自己的理论家。

——《读苏联〈政治经济学教科书〉的谈话(节选)》,1959年

笔 记

毛泽东鼓励学习,他提倡先充分理解经典理论,然后结合本国实际,创造自己的理论。这种理论不应该只是对经典的诠释,而应当是一种升华,一种超越。正如他讲的:只有超过马克思,才是真正的马克思主义者。

在企业中提倡学习,也不应是生搬硬套,而是在学习他人和其他企业的成功模式的基础上,结合企业自身所在行业和区域的特性,创造出适合企业自身的一套模式。这套模式既要具备所有企业都需要的元素,又要具备企业自身特定的元素。只有超越一般模式,建立自己的模式,才能真正达到学习的目的。

行动指南

学习一种制度、一种文化,目的是拿来为自己所用,最终超越这种文化。

第四周　学　风

星期一
禁绝空话

我们应当禁绝一切空话。

　　　　　　　　　——《反对党八股》,1942 年

笔　记

针对发号施令、空喊口号的不良作风,毛泽东在名篇《反对党八股》中严正指出:禁绝空话。

他认为,无论做什么事都要看情形办理。他反对的是空话连篇、言之无物的八股调,也不是说任何东西都以短为好。战争时期固然需要短文章,但尤其需要有内容的文章。最不应该、最要反对的是言之无物的文章。演说也是一样,空话连篇言之无物的演说,是必须停止的。

在企业中,空话套话连篇的文章和讲话也是令人反感的。有些管理者常常陷人一个误区,喜欢用一些陈词滥调和空话大话教训别人。这样的训斥不仅无益,而且会对企业发展和管理者自身威信造成危害。

行动指南

发布指令要简短、明确,有新鲜内容,切忌空洞。

星期二

制造共同学习的氛围

凡是涉及许多人的事情,不搞运动,搞不起来。需要造成一种空气,党内党外唱对台戏,不然官僚主义永远不得解决。

——《全党的整风运动》,1957 年

笔 记

毛泽东提倡的开门整风,其目的是为了更好地解决干部和群众之间的矛盾。而发动党外群众大鸣大放,就是要去除某些干部身上的官僚主义恶习。尽管运动后来误入歧途,但在必要情况和约束下,这样的思想碰撞还是有值得我们学习的地方。

企业的整风,目的也是营造一种互相学习的氛围,在头脑风暴中,反思企业的问题,学习他人的优点,探索自身的不足。只有通过这样的方式,才能发现隐藏在偏见中的问题,然后经过共同努力,最终达成一致的方向。

行动指南

改变一种风气,就是建立新的风气。

星期三

多向群众学习

我们应该走到群众中间去,向群众学习,把他们的经验综合起来,成为更好的有条理的道理和办法,然后再告诉群众(宣传),并号召群众实行起来,解决群众的问题,使群众得到解放和幸福。

——《组织起来》,1943 年

笔 记

毛泽东在强调向群众学习的时候,举过一个例子:陕北有很多毛驴,毛驴驮了东西,嫌重不愿意上山。但陕北的群众自有办法,分三步,一拉、二推、三打。这种技巧后来被毛泽东形象地运用到国共统一抗日的战略中。

在企业管理中,管理者也要向员工学习。这种学习,其内容包罗万象,可以是一个好的团队合作,可以是一种出色的运营模式,也可以是一种稳定健全的制度。

行动指南

多学习别人的智慧,才能提升自己的能力。

星期四

整顿风气,思想学习

就是老兵,老干部,只要你不整风,他的思想也要起变化。

——《做革命的促进派》,1957 年

笔 记

毛泽东关于党内的不断学习,多有论述。一种重要的手段就是集中学习,也就是整风。通过对不同思想的碰撞,树立一致的、利于共产党整体前途的,破除纷杂的、不利于整体利益的,从而达到党内的团结。

在当代企业管理中,管理者也可以借鉴这种方式。当企业内部在思想上产生混乱的时候,就可进行集中学习,通过培训、演讲、讨论等等方式,将不利于企业发展的混沌思想排除出去,转而确立适合企业长远发展的有利思想。

行动指南

思想的学习和作风的塑造能够为企业带来效益。

星期五

定期提高认识水平

陕北的部队经过整训诉苦以后,战士们的觉悟提高了,明了了为什么打仗,怎样打法,个个磨拳擦掌,士气很高,一出马就打了胜仗。群众齐心了,一切事情就好办了。

——《对晋绥日报编辑人员的谈话》,1948年

笔 记

在毛泽东的管理理论中,通过提高民众的觉悟,以此来提高士气,是一套行之有效的激励手段。中国共产党领导的军队在物质上能够给予民众的十分有限,但是在精神方面却能给予民众源源不断的动力。例如,通过诉苦等方式,激发民众内心深处的需求和共鸣。

企业管理也当如此,通过激发员工最需要的精神需求,让他们对企业的共同理念产生高度共鸣,这是商业社会中的觉悟。诸如,通过荣誉刺激,让员工获得自我价值的提升,同时辅以必要的物质奖励,这种直白的方式,自然会提高员工的士气,造就一个齐力断金的局面。

行动指南

万众一心的场景出现,原因在于大家都有共同的愿景与诉求。

十一月

直入人心
——最简单的就是最有效的

飞起玉龙三百万,搅得周天寒彻。

——《念奴娇·昆仑》,1930 年

　　任何大人物都有一个特点,即用最短的时间指明最重要的东西。须知那些东拉西扯、长篇大论却令人不知所云的管理者,无疑是令人生厌的。而毛泽东是一个直率的人,他厌恶又长又臭的演讲和文章,从他的话语中,一切复杂的东西都变得简单异常。

第一周　简明直白

主旨明了

反对主观主义以整顿学风,反对宗派主义以整顿党风,反对党八股以整顿文风,这就是我们的任务。

——《整顿党的作风》,1942 年

笔　记

毛泽东是个直率的人,言辞之间满是革命的豪情。其身上具有的这种直截了当的个性感染着身边的每个人。作为领导人,他欣赏直白的态度。因此,在很多场合他都开门见山地表明自己的立场和态度,并将此作为中国共产党人应当具备的革命立场。

现代企业的管理中,管理者在某些特定情境中也需要斩钉截铁。面对员工、面对纷繁多变的外部环境,当机立断,主旨鲜明。须知,繁琐的讲话和会议,不仅占用员工的工作时间,而且容易出现朝令夕改的情况。如果是一以贯之的东西,不需要频繁强调,而是通过主旨明了的简短话语和一致的行事风格,让员工自然融入。

行动指南

管理者要杜绝繁琐,用最直接的方式点明主旨。

星期二
不装腔作势

装腔作势的东西，不能反映真理，而是妨害真理的。凡真理都不装样子吓人，它只是老老实实地说下去和做下去。

——《反对党八股》，1942 年

笔　记

毛泽东喜欢真实，厌恶装腔作势，认为是主观主义和宗派主义作风。

在企业管理中，这样的情形也并不少见，很多管理者极端自我，认为自己说的都是对的。事实上，管理者并不了解基层发生的事情，对于下面的意见，毫无虚心听取的精神，而是装腔作势，觉得自己不容挑战。这种态度不仅对管理者自身无益，更将对企业形成巨大损伤。

行动指南

有真才实学的管理者，应当心平气和地就事论事，虚心听取意见，而不装腔作势。

星期三
做事做彻底

对于人，伤其十指不如断其一指；对于敌，击溃其十个师不如歼灭其一个师。

——《中国革命战争的战略问题》，1936 年

笔　记

毛泽东在骨子里有一种决断力。这位终其一生都充满斗志的革命导师，在解

决革命问题上,从不含糊。那种果敢、彻底更正错误的革命精神,影响了几代人。

反观现代企业,等、拖、靠等不良作风普遍存在,很多员工人浮于事,总是在管理者的错误管理下,尽力避免犯错,而不是将工作做好。长此以往,企业就逐渐陷入僵化。

正确的方法是,管理者必须发扬做事彻底的风格,建立有效的评估机制,对多劳者给予奖励。并且在确立这套体系之后,坚决执行。

行动指南

做事彻底,建立彻底改变现状的机制,为企业和自己赢得员工全心全意的付出。

星期四
先入为主

战争的双方,都力争主动,力避被动……主动是和战争力量的优势不能分离的,而被动则和战争力量的劣势分不开。战争力量的优势或劣势,是主动或被动的客观基础。

——《论持久战》,1938 年

笔 记

先入为主的谋略思想是毛泽东非常重视的。敌强我弱的形势是中国共产党领导的军队在斗争中的常态,在这种情况下,坚持长期斗争就是一种必然。如果心急,就难免要吃败仗。但持久战并不等于拖拖拉拉,而是要在特定战役中"先下手为强,速战速决"。

在中国的企业发展过程中,由于计划体制等历史原因,长期积累而形成了官商经营作风,一大批企业对市场经济有些不适应。因为企业的人员有拖、等、靠的恶习;此外,企业受到的限制太多,很多时候都只能看着商机丧失,让竞争者捷足先登。

行动指南

抢占先机的管理者，才能在激烈的市场竞争中取胜。

星期五

棱角分明

把问题尖锐地摆在桌面上，倒是好相处了。

——《在中国共产党全国代表会议上的讲话》，1955 年

笔　记

毛泽东爱憎分明，保持着自己的棱角。正如他所言："不要把棱角磨掉。"然而，所谓棱角分明并非盛气凌人，而是充分发挥应激反射，采用全新的方法去解决问题。

企业管理也要保持一定的棱角，中国的管理者常面临的境况就是人情大于制度，制度的尖锐要么彻底被消解，要么就是死板僵化。事实上，制度的建立，目的是为了企业更健康更有效地发展，制度是手段，是一种评判标准。要以实现商业利益，同时调动员工的积极性为目标。在管理实践中，要依靠制度，并在制度的棱角内利用头脑风暴的方法，激发员工的创造力。

行动指南

管理要棱角分明。

第二周 适度的高调

星期一
独揽大任

人民靠我们去组织。

——《抗日战争胜利后的时局和我们的方针》，1945 年

笔　记

在毛泽东看来，中国并非不能革命，相反存在前所未有的革命潜力可挖，关键是要区分开各个阶级，然后进行力量对比，继而分门别类地组织起来，让人民从分散状态进入聚合状态。人民的力量超过任何人想象，摧枯拉朽的内力需要激发，需要组织。这个组织者就是中国共产党。

这种独揽大任的雄心，最终让中国共产党成了当仁不让的领导阶层。事实上，在企业管理中，管理者也要在适当的时候挑起大梁，只要建立在详细分析企业前景和行业背景的基础上，这种勇于承担责任的做法首先能获得上级首肯，其次能获得基层支持。

行动指南

管理者应当有雄心，敢于承担责任，负有使命感。

星期二

观点要鲜明

应当保持你们报纸的过去的优点,要尖锐、泼辣、鲜明,要认真地办。

——《对晋绥日报编辑人员的谈话》,1948 年

笔 记

用毛泽东的话来说:"我们共产党人从来认为隐瞒自己的观点是可耻的。"因为要坚持真理,而真理必须旗帜鲜明。中国共产党早期所办的报纸,所进行的一切宣传工作,都是生动的,有趣味的,观点鲜明的,没有遮遮掩掩。

在企业管理中,"隐瞒自己的观点"在大多数时候也是不利于企业运行的。管理者要做到一点,就要在发布号令的时候力争鲜明、浅显。如果员工还需要通过自己的揣摩去把握指令,无疑会占用时间,降低效率,更严重的是影响指令的正确执行。

行动指南

领导者发出的指令和观点需色彩鲜明,切忌模糊不清。

星期三

激荡情怀

四海翻腾云水怒,五洲震荡风雷激。要扫除一切害人虫,全无敌。

——《满江红·和郭沫若同志》,1963 年

笔 记

1962 年是中国共产党的多事之秋。国际上,美国的新任总统是野心勃勃的

肯尼迪,他直言不讳要支持所有朋友,反对一切敌人。紧接着,美军进入了越南,而与中国接壤的印度,则被肯尼迪称为东亚发展中国家的"民主橱窗"。中国与很多国家的关系都有些紧张。

苏联与中国的矛盾也急剧上升。1962年,双方利益或观点激烈冲突的事件不断,苏联报纸也开始指责中共,为第二年中苏决裂埋下伏笔。

面对危急的情势,中国不会默不作声,毛泽东就通过诗词表达了自己的激荡之情。当代企业管理中,管理者也要适时表露自己的激荡情怀。每当企业利益受损,遭到猜疑和诽谤时,管理者有义务对公众表达自己的内心愤慨,同时用激荡之情表达自己致力于企业目标的坚定意志。

行动指南

为维护企业的正当利益,管理者就当充满激荡情怀,不畏敌手。

星期四
情绪化激励

全国人民的大多数,不愿当亡国奴。

——《为皖南事变发表的命令和谈话》,1941年

笔 记

中国共产党在抗日战争时期的迅速壮大,与其顺应历史潮流,号召大多数中国人积极抗战的态度不无关系。在内外交困的局面下,大多数人正如毛泽东所说,"不愿当亡国奴",共产党抓住了这种心理需求,用饱含感情的口号呼吁,最终赢得了民心。

管理中也需要这种一呼百应的情绪化激励。在面对失败的危险时,了解大多数人的心理需求,然后作出与之相符的情绪化激励,必然赢得支持。

行动指南

用适当的激情与梦想,鼓舞自己的员工。

星期五
敢于斗争善于斗争

我们共产党人是以不怕困难著名的。我们在战术上必须重视一切困难。对于每一个具体的困难,我们都要采取认真对待的态度,创造必要的条件,讲究对付的方法,一个一个地、一批一批地将它们克服下去。

——《在中国共产党全国代表会议上的讲话》,1955年

笔 记

毛泽东在多个场合都毫不掩饰自己的斗争哲学。这个哲学包含两个方面:那就是敢于斗争和善于斗争。前者是说斗争要具备勇气和决心,后者则注重斗争要有谋略,要讲究方式方法。

现代企业的竞争和管理,也无法避免斗争。任何商业竞争都以一方胜利一方失败告终。管理者既要在战略上藐视对手,看穿种种复杂策略背后的目的,又要在战术上重视对手。唯有如此,才有可能赢得战争。

行动指南

管理者要在战略上藐视对手,在战术上认真备战。

第三周　做事的原则

星期一
二分法

公开的全面的内战会不会爆发？这决定于国内的因素和国际的因素。

——《抗日战争胜利后的时局和我们的方针》，1945年

笔　记

毛泽东擅长用唯物辩证法分析问题。事实证明，这种内外结合的思维适用于任何国家和政体。

新民主主义革命时期，国民党政府内外交困，在组织上又存在硬伤，失去了人数最为广大的工农阶级的支持，被中国共产党彻底打败。而中共的成功正是结合了内外两方面的因素，对外积极抗日，对内以民族团结为主旨，最终发展壮大，成为一支强大的力量。

当代的中国企业，也需要时刻以二分法看待世界。对外，环境的变化至关重要，包括技术、思维、理念、管理手段的更新；而对内，则要倚重广大的员工，将他们紧紧团结在公司宗旨的大旗下。

行动指南

管理者要内外兼修，注重内外结合。

星期二
一旦承诺，必须兑现

要讲真话，不偷、不装、不吹。偷就是偷东西，装就是装样子，"猪鼻子里插葱——装象"，吹就是吹牛皮。讲真话，每个普通的人都应该如此，每个共产党人更应该如此。

——《在中国共产党第七次全国代表大会上的口头政治报告》，1945 年

笔 记

毛泽东的真话理论认为，党员要讲真话，说出来的话要负责任，不能口头说一套，做法却是另一套。

事实上，企业管理更忌讳这种空头支票。试想，一位管理者轻易作出了一项承诺，但结果却证明，这种承诺只是谎言，这样的管理者在企业中还能取信于人吗？一旦碰到更严峻的局面，员工又如何能全力以赴？

行动指南

管理者应对自己的承诺负责，做到一诺千金。

星期三
警惕官僚主义

官僚主义和命令主义，在我们的党和政府，不但在目前是一个大问题，就是在一个很长的时期内还将是一个大问题。

——《反对官僚主义、命令主义和违法乱纪》，1953 年

笔 记

毛泽东在分析了党内出现的不良习气后，严肃指出，这种作风是反动统治阶

级才有的对待人民的坏作风。对于党的高级干部来说,如果有这样的倾向,是需要严惩不贷的。

在企业管理中,官僚主义也会导致僵化、效率低下,甚至导致经济犯罪。管理者必须杜绝官僚主义,自己在内心深处将地位放下,与普通员工在人格上形成平级。官僚主义是市场经济的死敌,戕害的不仅是员工,更是整个企业的前途。

行动指南

官僚主义是阻碍企业成长壮大的绊脚石。

星期四
抓住机会

现在虽只有一点小小的力量,但是它的发展是很快的。它在中国的环境里不仅是具备了发展的可能性,简直是具备了发展的必然性。

——《星星之火,可以燎原》,1930 年

笔 记

发展是辩证法的基本观点。发展往往来源于一个个微小的机会。在红军早期的斗争史中,毛泽东制定了"扩大地方赤卫队、地方红军到扩大主力红军"的发展原则,因为一点小小的力量,却能在快速发展中不断壮大。

市场经济中,参与竞争的企业和管理者,都不会被市场偏爱,而是机会均等。这就要求管理者要在变幻莫测的市场条件下,把握住诸多看似微小的发展机会,分析企业的经营环境,最终达到驾驭机会、利用机遇的目的。反过来说,如果管理者轻易放过机遇,则会让企业陷于被动。

行动指南

最小的机会往往最容易出奇制胜。

星期五

扬长击短

我要优势和主动，敌人也要这个，从这点上看，战争就是两军指挥员以军力财力等项物质基础作地盘，互争优势和主动的主观能力的竞赛。

——《论持久战》，1938 年

笔 记

毛泽东最擅长的一个策略就是运用我军之长，击敌之短。在现代商业管理中，获利是管理者面临的根本任务，趋利避害的原则适用于所有企业。这就要求管理者在市场竞争中充分发挥自己的优势，乘胜追击。

企业与企业的竞争，关键在于谁能将优势发挥到极致。任何企业都不是完美的，一家多元化的企业，很难在每个行业中都做到最好。对于多数企业而言，管理者要做的就是挖掘自身最擅长的业务潜力。

行动指南

管理者要将自己的长处做到极致，正所谓一项做精，胜于十项做全。

第四周　灵　活

星期一
死板要不得

"一开会,二报告,三讨论,四结论,五散会"。假使每处每回无大无小都要按照这个死板的程序,不也就是党八股吗?

——《反对党八股》,1942 年

笔　记

毛泽东喜欢将复杂问题简单化,直奔主题,拒绝繁冗拖沓。

然而,很多管理者在会场上作起报告,经常陷入僵化的格式套路,用了长长的时间,讲完的东西,其实员工早已烂熟于心。

死板的套路,让每个员工都可以重述,这种了无新意的东西,是毛泽东最反对的。同样,这也是当代企业管理中应当拒绝的套路,因为思维的僵化会让企业丧失活力:员工听了管理者的讲话,采纳了管理者的建议,却还是老样子,完全没有效果。

行动指南

管理者要针对不同情况,作出改变。

星期二
新的情况

从整个形势看来,抗日战争的阶段过去了,新的情况和任务是国内斗争。

——《抗日战争胜利后的时局和我们的方针》,1945 年

笔 记

新的情况是针对固有逻辑而来的。在中国发展的路上,时刻要面对新的情况:毛泽东时代政治为王,是因为毛泽东看到了意识形态的对立仍然是世界的主流;而到了邓小平时代,发展成为世界主流,因此沿袭而至今日的方针是以经济建设为纲领。

然而,到了今天,新的情况再次出现——中国的经济建设须放在全球范围内进行,而国际金融体系和经济结构对我们的影响也异常重大,于是中国经过三十多年的飞速发展以后,遇到了新的情况。

用毛泽东管理谋略来讲,面对这种新的情况,万变不离其宗,还是中国共产党革命初期的经验——为人民服务,始终服务于广大民众的利益。

行动指南

面对新的情况,在基本原则的支撑下,管理者要变通地发挥管理的效能。

星期三
出其不意

袭击的基本原则,就是要有秘密而周详的计划,迅速而突然的动作。
——《论抗日游击战争的基本战术——袭击》,1938 年

笔 记

在中国革命战争的实际进程中,毛泽东非常重视解放军指挥员的突然袭击战术。

企业性质不同,规模也不尽然,各自具有不同的竞争优势。但企业的优势无外乎几个主要方面:雄厚的资金实力,稳定的盈利模式,强大的客户资源,等等。对于中小企业而言,往往并不具备这些方面的优势,就只能凭借出其不意的策略

去成长。这些出其不意包括创新的产品、灵活性的市场策略、领先的管理理念等。此外,全新的宣传攻势也是一种出其不意的管理战略。

行动指南

找准了自己的优势,管理者就可在规划时突出自己的特点,出奇制胜。

星期四
换个角度看待问题

美国在世界许多国家建立了几百个军事基地。中国领土台湾、黎巴嫩以及所有美国在外国的军事基地,都是套在美帝国主义脖子上的绞索。

——《最高国务会议上的讲话》,1958 年

笔 记

毛泽东对形势的分析和洞察可谓空前绝后,如此伟人,总能用一句轻描淡写的话语就将复杂的局势轻易破解。当美国人足迹遍布全球,四处建立军事基地的时候,毛泽东不屑一顾,他深知,一个个军事基地就是一个个每天要吃饭的包袱。建立基地就是给自己背上包袱,套上绞索。

企业也是如此,在判断自己所处的局面时,要善于换个角度来看待。有时候,别人的优势并不适用于自己。须知,矛盾两方面是可以转换的。对待机遇也是同样,别人都认为不是机遇,但优秀的管理者总是能够看出其中的机遇。

行动指南

换个角度看,可以转变你的思维,看到新的东西。

星期五
制造错觉

错觉和不意,可以丧失优势和主动。因而有计划地造成敌人的错觉,给以不意的攻击,是造成优势和夺取主动的方法,而且是重要的方法。

——《论持久战》,1938 年

笔 记

毛泽东的兵法继承了中国历史的优秀文化。例如"声东击西"这种兵法,在其《论持久战》中多次出现,并作为造成敌人错觉的有效方法,被广为倡导。

在现代商业竞争中,管理者也要善用兵谋,以消除企业面临的困境,减少损失。这就需要管理者用管理谋略,采用各种造势活动,给对手造成错觉,进而分散对手力量,在市场出现空隙的时候乘机而入,反败为胜。

行动指南

可以尝试刻意给对手制造错觉,为自身赢得更多空间。

十二月

气吞山河
——成大事者必有大胸怀

六月天兵征腐恶，万丈长缨要把鲲鹏缚。

———《蝶恋花·从汀州向长沙》，1930 年

　　这是一个将混乱的国家建立起秩序的人，是一个出色的革命者。毛泽东成就了百年以来堪称世界上最伟大的事业——将人口如此众多、形势如此复杂、困难如此巨大的国家，凝结成了一座不可战胜的堡垒，他的胸怀气度，配得上壮丽的河山，和爱着他的人民。

第一周　天下之心

星期一
天地之间

可上九天揽月，可下五洋捉鳖，谈笑凯歌还。世上无难事，只要肯登攀。

——《水调歌头·重上井冈山》，1965 年

笔　记

1965 年，毛泽东乘车重上井冈山，并在山上住了八天。在这期间，他写就了这首词。其中，句句充满豪情，好似天地之间，俯仰皆有壮志。

正如词中所言："世上无难事，只要肯登攀。"面临外部的封锁环境，中国人不断创造着奇迹，当所有西方观察者冷眼旁观，甚至幸灾乐祸之际，几近一无所有的中国却走了过来。

任何企业都会面临外界的质疑，管理者要做的就是看到别人无法理解的未来，将自己放在更高的位置上，登临绝顶，远望四方，胸怀成大事者的大志向，将恢宏魅力传导给企业本身。

行动指南

让精神力量充满天地之间，企业将战无不胜。

星期二
天人合一

雨后复斜阳，关山阵阵苍。

——《菩萨蛮·大柏地》，1933 年

笔 记

在毛泽东的诗词中,关于天地和自身的理解,往往超越常人的感慨。那种天地俯仰之间的壮阔胸怀寓意着一种持久的活力。天地辽阔舒展,与此对应,人的胸怀也变得宽广淡泊。

一生简朴的毛泽东始终怀有崇高的理想,这二者似乎是相辅相成的。古今成大事者,大都对物质不屑一顾,而对自然和天地却抱有极高的追索。

企业管理者也应养成天人合一的思维方式,用一种宏观的大视野去观察行业,观察企业的运营。一家富有成长力的企业必定是在一位能够看到更远将来的管理者带领之下,不以阶段性的小成小败为标杆,而是逐天运而去,依循行业的规律,奋勇前进。

行动指南

成大事者,有大视野。出色的管理者要拥有开阔的胸襟,与天地相合。

星期三
天下先

钟山风雨起苍黄,百万雄师过大江。

——《七律·人民解放军占领南京》,1949 年

笔 记

1949 年,国民党军队大势已去,却拒绝投降。是夜,解放军部队在长江之上兵分三路,很快占领了南京。这种恢宏的图景,预示着毛泽东解放全中国的志向即将得以实现。

分析毛泽东的志向,显然与众不同。用他的话说:"发达个性。至不同即至同,至不统一即至统一。"这种敢为天下先的志向,对比老子所谓的处世"三宝":

一曰慈,二曰俭,三曰不敢为天下先。正好与第三宝背道而驰。然而,正是这种"敢为天下先"的恢宏之志,最终带领中国人民走向了解放。

企业管理者也应在特定时刻做敢为人先的表率,在创新和探索的道路上,天下先的精神是伟大企业必须具备的。

行动指南

管理者要引导员工通往共同的愿景,须有为天下先的眼界和志向。

星期四
眼 量

牢骚太盛防肠断,风物长宜放眼量。

——《七律·和柳亚子先生》,1949 年

笔 记

毛泽东是一位乐观的人,他很少对革命前途感到困惑和犹豫,他认为牢骚和抱怨解决不了任何问题。

对于牢骚满肠的人,他也总是抱以鄙视和嘲讽。新中国刚成立时,有些干部因为级别评定不公而感到委屈,更有甚者还绝食抗议。毛泽东对此大加嘲讽,更抛出那句著名的论断:"革命党嘛,以饿不死人为原则。人没有饿死,就要做革命工作,就要奋斗。"(《坚持艰苦奋斗,密切联系群众》,1957 年)

如果企业的管理者牢骚满腹,那企业将陷于停滞状态。管理者要承受的是解决问题的压力,同时要克制对现状的不满,进而发挥创造力,改变现状。

行动指南

管理者要避免发牢骚,而着眼于解决问题。

星期五
看世界

冷眼向洋看世界，热风吹雨洒江天。

——《七律·登庐山》，1959 年

笔　记

毛泽东的世界观，是由独立精神和催人奋进共同组成的。一方面，他置身世外，冷眼向洋，绝不为任何势力所胁迫；但另一方面，他又投身洪流，化作热风，激励革命同志将奋进的力量洒向广阔世界。

企业管理者也应具备这样的精神：在决策的时候要做到超脱于物外，不受个人情感倾向的影响；但是在执行的时候全力以赴，将满身激情注入事业中。

行动指南

看待世界的角度，就是管理者成就事业的高度。

第二周　豪　迈

星期一
豪气干云

唤起工农千百万,同心干,不周山下红旗乱。

——《渔家傲·反第一次大"围剿"》,1931 年

笔　记

1930 年初秋,国民党部队捷报传来,以胜利结束了与冯玉祥、阎锡山的割据战争。接着,蒋介石发动针对红军的第一次围剿。是年冬,蒋介石以十万兵力,进攻赣南、闽西的红军根据地。结果遭到了红军队伍的顽强抵抗,最终失败。毛泽东有感于敌人重兵压境却仍然奈何不得的欣喜,赋词一首。

在现代企业管理中,面对危急的情况,管理者应当临危不乱,以豪气干云的态度和细致入微的审视,借助员工"千百万"、"同心干"的精神,化解危机。在取得胜利后,总结经验,笑看"不周山下红旗乱"。

行动指南

大事业的缔造者,往往要经得住大场面的考验。

星期二
横空出世

横空出世,莽昆仑,阅尽人间春色。飞起玉龙三百万,搅得周天寒彻。

——《念奴娇·昆仑》,1935 年

笔 记

毛泽东写这首词的时候,国内形势可谓十分危急。然而对于中国共产党的伟业,那种必胜的信心仍充分展现在这首词中。此时长征胜利,意味着共产党的军队获得了涅槃重生,经历了生死考验之后,留存下来的都是代表希望的力量。

重大的改变,往往是从重大的危机开始的。企业在经历重大危机之后,管理者应当及时调整心态,重整旗鼓。

行动指南

管理者要善于调整心态,带领团队成员走出困境,重整旗鼓。

星期三
壮志凌云

春来我不先开口,哪个虫儿敢作声。

——《七绝·咏蛙》,1909 年

笔 记

毛泽东年少即胸怀奇志。在幼年时,父亲给毛泽东的人生规划是米店伙计。然而毛泽东很小就有非凡壮志,他的理想是经营整个天下,而非仅仅一家小店。在继续求学的道路上,心里充满了对未来的美好向往。他以诗言志道:"孩儿立志出乡关,学不成名誓不还,埋骨何须桑梓地,人生无处不青山。"他的《咏蛙》小诗将这种情怀体现得淋漓尽致:"独坐池塘如虎踞,绿杨树下养精神。春来我不先开口,哪个虫儿敢作声。"

管理者也理应具备壮志,在推行某项企业决策时,也许会遭致很多人的讥讽,但对于胸怀大志和看清未来的管理者而言,这种讥笑可能是一种很好的激励。管理者也应将此作为很好的案例,用来激励自己,激励员工。

行动指南

管理者应胸怀大志。

星期四

大气磅礴

新中国航船的桅顶已经冒出地平线了,我们应该拍掌欢迎它。

举起你的双手吧,新中国是我们的。

——《新民主主义论》,1940 年

笔　记

  毛泽东对待下一步的革命事业,始终充满无尽的向往。在他的身上,具备一位革命导师所有的热情和朝气。这种气场是从破败的过去中重新站立的中国需要的,这也是历史选择了毛泽东的原因之一。

  管理者对待企业的员工也应当秉持这样一种磅礴的朝气,在看到希望之际,用极大的热忱,鼓励员工再接再厉,让员工意识到自己是一场胜利的见证者,用自己的双手参与到这项令人期待的全新场景中。

行动指南

优秀的管理者善于用自己的积极乐观和大气蓬勃去感染自己的团队成员。

星期五

英雄情结

独有英雄驱虎豹,更无豪杰怕熊罴。

——《七律·冬云》,1962 年

笔 记

　　毛泽东的一生充满战斗情怀,这是其身上与生俱来的英雄情结使然。就是这样的英雄情结,不低头不屈服,笑看百态犹淡泊的气量,终使其成为顶天立地的奇人。

　　企业管理者在大多数时刻应当扮演平和的掌舵者,但在困局频出之际,管理者也不得不表现出力挽狂澜的英雄气概。对于企业而言,虽然个人英雄并非常态,但危难之际也需要管理者具备这样的能力。

行动指南

　　管理者要有担当,要有气量,须在危机时成为企业的英雄。

第三周　自信自强

我自岿然不动

山下旌旗在望，山头鼓角相闻。敌军围困万千重，我自岿然不动。

　　　　　　　　　　——《西江月·井冈山》，1928年

笔　记

　　毛泽东临危不乱的气质似乎是天生的。革命形势越复杂，他反而越从容。这种强大的精神意志其实并不完全来自天性，也在于毛泽东对自我的考验和磨炼。

　　绝读古书的毛泽东注重精神修养，他认为"此精神及身体之能力发达最高，乃人人应以为期向者也"。意思是，人都可以通过"自尽其性，自完其心"的自我锻炼去完成伟业。为此，毛泽东经常刻意地磨炼自己的意志。据说有一天夜里，风雨雷电交加，他一人从岳麓山顶上跑下来，全身湿透。此举只是为了体会"纳于大麓，烈风雷雨弗迷"的典故，锻炼自己的胆魄。

　　胆魄是可以训练出来的。管理者经历的考验会有很多，如果善于总结，善于在日常的管理实践中刻意地去锻炼自己的这种"岿然不动"的定力，在遭遇危局时就能派上用场，坐镇指挥而神色自然。

行动指南

　　"贵我"和自我完善的精神，是杰出的管理者修为之理想。

星期二

我主沉浮

问苍茫大地,谁主沉浮?……到中流击水,浪遏飞舟?

——《沁园春·长沙》,1925 年

笔 记

　　1925 年秋,时任湖南省长赵恒惕发出通缉令,通缉革命人士毛泽东。毛泽东被迫离开长沙,这首词便是离开湖南时所作。作为青年运动的带头人,毛泽东对于已经驶入革命大潮的国家和民族满是热望,在他的眼前,是一片即将拉开帷幕的广阔天地。在他的诗词中,类似于"问苍茫大地,谁主沉浮"这样的豪迈辞章屡见不鲜,而这种充满悲壮情怀和无所畏惧的使命感,注定其成就大事业。

　　现代企业的发展,也经历着类似的局面。三十多年改革开放的历程中,所有成就事业的企业家们,大都以民族和国家的兴起为己任,也许刚开始这种情怀并不突出,然而发展到一定阶段,那些具有大情怀的企业家,必然拥有更广阔的发展空间。

行动指南

　　管理者应将自身看作大时代的参与者,心生历史的使命感。

星期三

踏遍青山人未老

踏遍青山人未老,风景这边独好。

——《清平乐·会昌》,1934 年

笔 记

　　始终保持着高昂的青春之心,是毛泽东最终获得革命胜利的奥秘之一。他体察世界的态度,是一种满目青翠的活力与积极乐观。此种情绪之下,整个人时刻都精神焕发,充满活力。为了在体魄上也保持"人未老"的活力,毛泽东非常重视身体锻炼。

当代的管理者们,往往忽视身体锻炼,似乎也忘记了"身体是革命的本钱"这句革命箴言。事实上,管理者只有在体魄上保持健康,才能带动精神充满活力,从而在管理实践中也意气风发,蓄满动力。

行动指南

强壮的体魄是一切管理思维和精神的载体。

星期四
数风流人物,还看今朝

惜秦皇汉武,略输文采;唐宗宋祖,稍逊风骚。一代天骄,成吉思汗,只识弯弓射大雕。俱往矣,数风流人物,还看今朝。

——《沁园春·雪》,1936 年

笔 记

此词最初写于 1936 年。1945 年,毛泽东从革命圣地延安飞往重庆,此行拉开了为期 43 天的国共谈判。其间柳亚子屡有诗赠毛,毛泽东亲笔书写了这首词回赠。随后发表于重庆《新华日报》上,被传诵至今。

在毛泽东内心深处,他抱有积极的人生态度,认为"人类的目的在实现自我而已"。要达到这一目标就需凭借于"国家社会种种之组织,人类之结合"。因此,他认为君子不应"但顾自己"、"离群索居",而是要匡扶正义,以天下为己任,为万世开太平。

这种积极的人生态度是企业管理者要尽力学习的。在企业运营中,始终积极地看待行业的未来,看待整个商业环境的蜕变,会让企业的员工们也受到熏陶感染,令自己的企业始终保持青春活力,充满创新的动力。

管理者应当拥有"数风流人物,还看今朝"的胸怀,具备积极向上的管理态度。

星期五
胆 魄

为有牺牲多壮志,敢教日月换新天。

——《七律·到韶山》,1959 年

笔 记

　　毛泽东身上的豪迈,如同一团永不熄灭的烈火。他热衷于革命,那种无人能敌的激情,令所有问题在他的面前都如同区区小事。这种没什么可以吓倒的胆魄,让他有如神助,总是从一个胜利走向另一个胜利。

　　他最推崇的体育运动项目要算游泳。1954 年夏天,北戴河海面上波涛汹涌,毛泽东不顾身边人员的反对,走向大海,并丢下这样的话:风浪越大越好,可以锻炼人的意志。凡事不冒险,就不能成功。人们至今甚至还记得他 1966 年畅游长江的情景。其时他七十有三,以如此高龄作出横渡长江的壮举,绝不仅仅为了体验一下大自然的情趣。他要考验一下自己是否还有青年时代那种"浪遏飞舟"的勇气和力量。

　　企业管理者要以稳健为立身之本,然而,在需要作出重大抉择的时候,难免会陷于犹豫。此时,管理者的胆魄则成了决定企业是否能赢得爆发性增长的关键。事实上,中国当代企业的很多成功案例,都是因为管理者在实践过程中刻意培育的胆魄使然。

行动指南

管理中勇于突破,勇于抉择,勇于创新。

第四周　希　望

星期一

保持希望

年年后浪推前浪，江草江花处处鲜。

——《七律·洪都》，1965 年

笔　记

毛泽东是一位唯物论者，他善用发展的眼光看待问题。在对待青年人的问题上，他充满了希望。他相信革命的传统将代代延续，只要确立了强大的精神指南，就能令新中国年年有新气象。

事实证明，毛泽东思想也确实得以传承。中国共产党正是在马克思列宁主义、毛泽东思想、邓小平理论、"三个代表"重要思想、科学发展观等的指引下，最终引导国家走上了快速发展之路。

企业的未来同样充满了未知的变化，只有时刻保持精彩出演的希望，保持对于目标的高度向往，才能披荆斩棘，将希望最终化作现实。

行动指南

管理者应对前景充满希望，对未来充满希望。

星期二

枯木朽株齐努力

白云山头云欲立，白云山下呼声急，枯木朽株齐努力。

——《渔家傲·反第二次大"围剿"》，1931 年

笔 记

在第二次反围剿时,毛泽东曾率领红军主力,在大柏地歼赣军两个团的兵力,使根据地转危为安。1931年毛泽东重经大柏地,面对已经转变的形势,写下这首词,遥想与敌人的艰苦斗争,皆得益于所有人的团结奋进。

管理者重回故地,或者总结每年的进步时,也喜欢提到大家一起努力这一点。在平时的管理中,也要善于及时总结,倡导团结精神,将团队共创的成果及时与大家分享,让所有员工都能体会到集体的荣誉和力量。

行动指南

管理者应当时刻怀有"枯木朽株齐努力"的团队意识。

星期三
从头越

西风烈,长空雁叫霜晨月……雄关漫道真如铁,而今迈步从头越。

——《忆秦娥·娄山关》,1935年

笔 记

遵义会议之后,红军经过娄山关向北进入四川,目的是和张国焘的红四方面军会师。在路过名为"鸡鸣三省"(四川、贵州、云南)的村庄时,博古终于将军事指挥权正式转交于毛泽东。此时的毛泽东求胜心切,也犯了冒进的错误。由于敌情未明,因此红军败下阵来。毛泽东及时纠正了错误,放弃了会师红四方面军的目标,转而攻打敌人战斗力最为薄弱的黔军。这个决定是一次重大的战略转折。黔军面对中国共产党领导的军队,一方面凭借娄山关天险阻击,一方面集结川军、滇军和中央军,妄图将红军歼灭。红军疾行数日抢占了娄山关,马不停蹄,围歼了敌人的两个师,取得了失败之后的大胜利。

企业管理者在作出错误决断之后,也应当机立断,不应死守一个既定目标。有时候,阶段性的目标往往具有迷惑性,如果守着这个小目标不肯转变战略,那么可能会丧失对于整体目标的实现。管理者的职责之一就是清醒地判断形势,及时作出调整,在漫漫雄关之前,迈步从头越。

行动指南

管理者应善于根据形势及时作出调整。

星期四
冲关的情愫

山,快马加鞭未下鞍。惊回首,离天三尺三。

——《十六字令》,1934 年

笔 记

"离天三尺三"是这首诗中最令人瞩目的意象,这种登临绝顶、险象环生的场景,反而能激起人对于生命和前途的重新认识。长征的艰苦岁月,中国共产党领导的红军面临过无数次险境,然而这也是决定中国共产党生死前途的关键。这场艰难的战略转移,注定是对共产党队伍的严峻考验,在经历过如此艰险的历练之后,革命事业终于跨入了全新的境界。

企业管理者对于艰险的战略转移,也须怀有特殊情愫——这种生死存亡既是撤退,却也是新生。在渡过无数险关之后,"惊回首,离天三尺三",前景一片开阔。

行动指南

面对险境,管理者应有必胜的勇气和决心。

星期五
风卷红旗过大关

头上高山,风卷红旗过大关。

——《减字木兰花·广昌路上》,1930 年

笔 记

　　1930 年,红军召开联席会议,会议作出决定,准备夺取江西省的革命胜利。然而,此时的红军尚未经历过如此大规模的进攻。毛泽东率领的军队期待取得胜利。为此,鼓舞士气就成为领袖的首要职责,红军的士气是否提振,决定着战局。在进攻过程中,毛泽东仍旧保持着革命乐观主义精神,所谓"头上高山,风卷红旗过大关",气势恢宏,令将士充满斗志。

　　管理者在引领企业前进的过程中,也会遇到类似的境况。在这种前途未知的情形下,最可靠的方法就是全力以赴,提升士气,带领众人向最好的结果奋斗。管理者在任何情况下都不应沮丧,而是继续保持高昂的斗志,看到艰险,犹如看到艰险过后的成功。而自己身后的员工,就是渡过艰险的根本保证,鼓励他们,大家一起抱着过关的激动心情,期待全新的挑战。

行动指南

　　管理者应善于用高昂的战斗精神使团队保持士气。

参 考 书 目

[1] 毛泽东著. 毛泽东选集. 北京：人民出版社, 1991.

[2] 中共中央文献研究室编. 毛泽东文集. 北京：人民出版社, 1999.

[3] 中共中央文献研究室毛泽东组编.《毛泽东文集》与毛泽东思想. 北京：
    人民出版社, 2002.

[4] 中共中央文献研究室编. 毛泽东书信选集. 北京：中央文献出版
    社, 2003.

[5] 胡为雄著. 毛泽东思想研究史略. 北京：中央文献出版社, 2004.

[6] 吴直雄著. 毛泽东妙用典故精粹. 北京：人民出版社, 2009.

[7] 刘见初编著. 毛泽东新闻思想研究. 北京：新华出版社, 2010.

图书在版编目(CIP)数据

毛泽东管理日志/郭亮编著.—杭州：浙江大学出版社，2012.4

ISBN 978-7-308-09734-5

Ⅰ.①毛… Ⅱ.①郭… Ⅲ.①毛泽东思想—应用—管理学 Ⅳ.①A84②C93

中国版本图书馆 CIP 数据核字（2012）第 037722 号

毛泽东管理日志

郭　亮　编著

策 划 者	蓝狮子财经出版中心　**智慧支持**　奇正博文
责任编辑	王长刚
出版发行	浙江大学出版社
	（杭州市天目山路 148 号　邮政编码 310007）
	（网址：http://www.zjupress.com）
排　　版	杭州大漠照排印刷有限公司
印　　刷	浙江印刷集团有限公司
开　　本	710mm×1000mm　1/16
印　　张	14
字　　数	243 千
版印次	2012 年 4 月第 1 版　2012 年 4 月第 1 次印刷
书　　号	ISBN 978-7-308-09734-5
定　　价	39.00 元
